Ursula Hegenberg
Cornelia Kaltenhäuser

Mikrowellen

**Rat und reizvolle Rezepte
für die schnelle Art zu kochen:
Suppen, Aufläufe, Beilagen,
Fleischgerichte und Desserts**

GU
Gräfe und Unzer

Umschlag-Vorderseite:
Die gefüllten Paprikaschoten sind eine vegetarische Variante des bekannten Gemüsegerichtes, die wenig Zeitaufwand erfordert. Rezept Seite 33.
2. Umschlagseite:
Kartoffelsuppe mit viel buntem Gemüse und pikanten Mettwürstchen ist ein wärmendes Gericht für kalte Tage. Rezept Seite 12.
3. Umschlagseite:
Besonders im Sommer, wenn es vollreife Tomaten zu kaufen gibt, ist das Tomaten-Paprika-Gemüse eine köstliche Beilage. Rezept Seite 36.

CIP-Kurztitelaufnahme der Deutschen Bibliothek

Hegenberg, Ursula:

Mikrowellen: Rat u. reizvolle Rezepte für d. schnelle Art zu kochen: Suppen, Aufläufe, Beilagen, Fleischgerichte u. Desserts; für alle Geräte mit 600 und 700 Watt / Ursula Hegenberg; Cornelia Kaltenhäuser. – München: Gräfe und Unzer, 1986.
ISBN 3-7742-2440-4

NE: Kaltenhäuser, Cornelia:

Redaktion: Cornelia Schinharl
Herstellung: Robert Gigler
Farbfotos: Fotostudio Teubner
Zeichnungen: Gerlind Bruhn
Umschlaggestaltung: Heinz Kraxenberger
Satz und Druck: Georg Appl
Reproduktionen: Brend'amour, Simhart GmbH & Co.
Bindung: R. Oldenbourg

ISBN 3-7742-2440-4

Ursula Hegenberg
absolvierte nach dem Abitur die Fachhochschule für Hauswirtschaft und Ernährung und schloß das Studium als Diplom Oecotrophologin ab.
  An Familienbildungsstätten und der Volkshochschule leitete sie zunächst Kochkurse und hielt Vorträge. Ihre Schwerpunkte lagen auf dem Gebiet der Gerätetechnik und Ernährung, die sich in ihrem heutigen Beruf gut kombinieren lassen. Als Mitarbeiterin eines Energieversorgungsunternehmens in Hagen/Westf. beschäftigt sie sich in einem Beratungszentrum seit Jahren unter anderem mit Haushaltsgeräten und deren Einsatz.
  Durch ihre langjährige Erfahrung und Praxis hat sie sich, speziell auf dem Gebiet der Mikrowellengeräte, ein umfangreiches Fachwissen angeeignet.

Cornelia Kaltenhäuser
absolvierte ebenfalls die Fachhochschule für Ernährung und Hauswirtschaft mit dem Abschluß einer Diplom Oecotrophologin. Nach mehreren Jahren Tätigkeit als Fachlehrerin wechselte die Autorin zu einem Münchner Energieversorgungsunternehmen. Im Rahmen der dort durchgeführten Vorträge und Kochkurse wurde der Elektroberaterin der Umgang mit dem Mikrowellengerät zur Selbstverständlichkeit. Alle Tips und Anregungen stammen somit direkt aus der Praxis.

Bevor Sie Ihr Mikrowellengerät in Betrieb nehmen, sollten Sie sich erst einmal gründlich mit ihm vertraut machen. Beachten Sie deshalb bitte unbedingt die Gebrauchsanleitung des Herstellers und außer den hier genannten Hinweisen auch die Angaben im Wort zuvor und in den allgemeinen Texten dieses Küchen-Ratgebers. Denken Sie auch immer daran, daß Eier nie in der Schale und immer nur bei Auftaustufe zubereitet werden dürfen. Niemals das leere Mikrowellengeät in Betrieb setzen, weil es durch die Überhitzung defekt werden kann.

Sie finden in diesem Buch

Ein Wort zuvor

Kochen mit Mikrowellen: Das ist trotz des steigenden Absatzes dieser modernen »Kochgeräte« für die meisten Köche und Köchinnen noch immer Neuland. Um Sie mit dem Mikrowellengerät bekannt, beziehungsweise seine Besitzer mit all seinen Einsatzmöglichkeiten noch vertrauter zu machen, haben wir diesen Küchen-Ratgeber geschrieben.

Daß man mit Mikrowellen in wenigen Minuten ein bereits gegartes Gericht wieder erwärmen und Tiefkühlkost viel schneller als gewohnt auftauen kann, wissen sicher die meisten. Wer jedoch sein Gerät voll ausnutzen möchte, der sollte es vor allem auch beim Garen einsetzen. Schon nach den ersten Versuchen mit dieser neuen Garmethode werden Sie feststellen: Sie sparen häufig Zeit, Energie und nicht zuletzt Geschirr, denn die Speisen können gleich im Serviergeschirr zubereitet werden. Darüber hinaus bleiben bei dieser Garmethode die Nährwerte in hohem Maß in den Lebensmitteln enthalten: für das Garen von Gemüse beispielsweise wird nur ein Minimum an Flüssigkeit benötigt; Vitamine und Mineralstoffe werden nicht »ausgeschwemmt«.

Damit Sie Ihr Gerät so gut wie möglich kennenlernen, erklären wir in einem theoretischen Kapitel, was Mikrowellen sind, wie vielfältig man sie einsetzen kann und was Sie beim Umgang mit diesem modernen Gerät besonders beachten sollten. Wichtig ist zunächst, das richtige Geschirr zu verwenden. Da Mikrowellen von Metallen zurückgeworfen werden, dürfen Geschirre aus Metall oder solche, die Metall enthalten, zum Garen nicht benutzt werden. Kunststoff ist nur dann geeignet, wenn er genügend hitzebeständig ist. Da Geschirr die Hitze der im Mikrowellengerät gegarten Gerichte annimmt und deshalb sehr heiß werden kann, muß man zum Herausnehmen unbedingt Topflappen benutzen. Denken Sie bitte auch immer daran, daß Eier nie in der Schale und immer nur bei Auftaustufe zubereitet werden dürfen. Durch die unterschiedliche Hitzeentwicklung von Eigelb und Eiweiß

können sie - auch außerhhalb des Gerätes - explodieren. Auch Lebensmittel mit fester Schale oder Haut wie Tomaten, Kartoffeln oder Wurst können platzen. Außerdem ist noch zu beachten, das Mikrowellengeräte nicht in der Nähe des Herdes aufgestellt werden dürfen, da Hitze und heißer Dampf dem Gerät schaden können. Wenn Sie Fragen haben und trotz aller Hinweise unsicher sind, wenden Sie sich am besten an die Beratungszentren Ihres Energieversorgungsunternehmens oder an die Verbraucherzentrale in Ihrer Stadt.

Im Laufe unserer langjährigen Erfahrung mit Mikrowellengeräten konnten wir eine ganze Reihe von einfachen bis raffinierten Rezepten sammeln. Die unserer Meinung nach besten davon haben wir in diesem Buch für Sie zusammengestellt. Neben Rezepten für Suppen, Aufläufe, Fisch und Fleisch sowie Beilagen und Zwischenmahlzeiten enthält dieser Teil eine Auswahl beliebter Saucenrezepte und einige heiße Getränke. Und natürlich müssen Sie auch hier keineswegs auf den krönenden Abschluß eines köstlichen Mahles verzichten. Sie werden staunen, wie einfach und schnell beispielsweise eine Mousse au chocolat im Mikrowellengerät zubereitet ist.

Wie vielfältig und appetitanregend man mit Mikrowellen garen kann, werden Sie beim Nachkochen der Gerichte feststellen. Die brillanten Farbfotos zeigen schmackhafte Gerichte und Schritt-für-Schritt-Abbildungen erleichtern die Zubereitung. Die Zeichnungen sowie zahlreiche Tips bieten zusätzliche Informationen.

Wir sind sicher, daß das Garen im Mikrowellengerät für Sie schon nach kurzer Zeit zur unentbehrlichen Selbstverständlichkeit wird, und hoffen, daß wir Sie durch unsere Vorschläge auch zu eigenen Kreationen anregen konnten.

Und nun viel Spaß beim »neuen« Kochen und guten Appetit!

Ihre Ursula Hegenberg
Cornelia Kaltenhäuser

Wissenswertes über die Mikrowellen

Mikrowellen zählen ebenso wie die Rundfunk- und Fernsehwellen zur Familie der elektromagnetischen Wellen im Hochfrequenzbereich. Die Frequenz für alle Mikrowellengeräte, die bei uns betrieben werden liegt bei 2450 Megahertz (MHz).

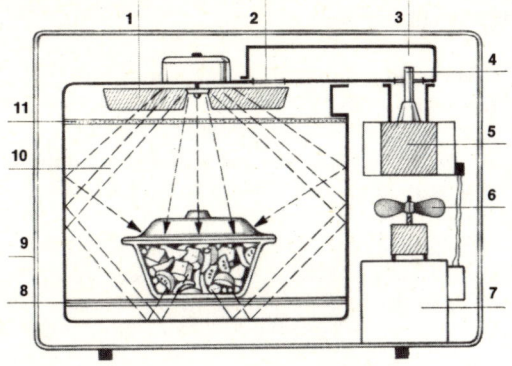

1 Reflektorflügel, 2 Einkopplung, 3 Hohlleiter, 4 Koppelstift, 5 Magnetron, 6 Kühlgebläse, 7 Elektronik, 8 Bodenplatte, 9 Gehäuse, 10 Garraum, 11 Deckplatte

Die Mikrowellen werden von einem Sender, dem Magnetron, erzeugt. Durch die sich drehenden Reflektorflügel gelangen die Wellen an alle Punkte des Garraumes, wo sie entweder sofort oder nach einer Reflektion an den Wänden auf die Speisen treffen.

Welche Eigenschaften haben Mikrowellen?

Mikrowellen eignen sich zum Garen, Erwärmen und Auftauen aller wasserhaltigen Lebensmittel. All dies kann der herkömmliche Kochherd auch, doch es gibt einen entscheidenden Unterschied zwischen Kochplatte und Mikrowellengerät. Die heiße Kochstelle leitet über das Kochgeschirr und die Flüssigkeit die Wärme an das Gargut weiter. Die Lebensmittel werden langsam von außen nach innen erwärmt und somit gegart.

Anders verhält es sich bei den Mikrowellen. Sie erzeugen die Wärme direkt im Lebensmittel, also ohne Umweg über das Geschirr. Der Garraum bleibt dabei kalt. Die Wasser- und Fettmoleküle, die in unserer Nahrung enthalten sind, werden durch die Mikrowellen in Schwingung versetzt. Die Teilchen reiben aneinander und erzeugen somit Wärme. Durch diese Reibungswärme – es entstehen Temperaturen um 100° – werden die Speisen gegart.

Mikrowellen werden von Metall reflektiert

Wie Licht und Sonnenstrahlen von einem Spiegel, werden Mikrowellen von allen Metallen zurückgeworfen. Das bedeutet für die Praxis: Metallgefäße eignen sich nicht für das Mikrowellengerät. Das Gargut im Inneren dieser Gefäße bliebe kalt. So muß zum Beispiel auch beim Auftauen von Sahne der Aludeckel vorher entfernt werden.

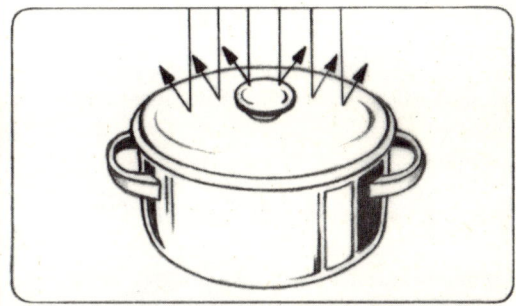

Metallgefäße eignen sich nicht zum Garen im Mikrowellengerät, da Mikrowellen davon reflektiert werden.

Gleichzeitig hat die Tatsache, daß Mikrowellen von Metall reflektiert werden, auch einen Vorteil: Wenn Sie beispielsweise Geflügel auftauen oder garen, decken Sie Flügel und Beine

5

des Tieres nach etwa der Hälfte der Garzeit mit Alufolie ab. Die bereits aufgetauten Teile werden so geschützt und somit nicht vorzeitig gegart.

Mikrowellen durchdringen nichtmetallische Gegenstände

Geschirr aus Glas, Porzellan, Keramik, Pappe, Papier und hitzebeständigem Kunststoff eignet sich gut für das Mikrowellengerät. Die Mikrowellen durchdringen diese Materialien fast ohne Energieverluste und meist ohne sie zu erwärmen. Dennoch muß man das Geschirr nach längeren Garzeiten mit einem Topflappen aus dem Gerät nehmen, da es die Hitze des erwärmten Gerichtes aufnimmt.

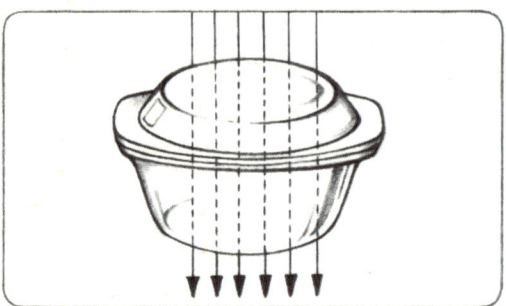

Alle nichtmetallischen Gefäße werden von den Mikrowellen durchdrungen und eignen sich zum Garen.

Das passende Geschirr

Geeignetes Geschirr für das Garen im Mikrowellengerät findet sich in jedem Haushalt.

Sehr gut geeignet sind Gefäße aus Glas, Glaskeramik und Porzellan.

Gut geeignet sind Gefäße aus Keramik, Steingut und Ton (alle drei Materialien erwärmen sich leicht), Gefrier-Kochbeutel, Bratfolie (ohne Me-

tallverschlüsse), Gefrierdosen (zum Auftauen und Erwärmen, ohne Deckel) und hitzebeständiger Kunststoff. Außerdem eignen sich Pergamentpapier, Küchenkrepp und Klarsichtfolie für kurze Garvorgänge und zum Abdecken. Auch Pappgefäße sind geeignet, jedoch manchmal mit einer Wachsschicht überzogen, die durch die Hitze schmelzen könnte.

Nicht geeignet sind Gefäße aus Bleikristall, Porzellan mit Gold- oder anderen Metallrändern (diese Ränder führen zu Funkenbildung), Gefrierbeutel (nur zum Auftauen) und sehr dünne Porzellan- oder Glasgefäße, die durch die Hitze des Gerichtes platzen könnten.

Wenn Sie ganz sicher gehen möchten, ob Ihr Geschirr für das Mikrowellengerät geeignet ist, erwärmen Sie es 30 Sekunden bei voller Leistung. Bleibt das Geschirr dabei kalt, können Sie es benutzen.

Bräunungsgeschirr

Das Mikrowellengerät erzeugt normalerweise Temperaturen um 100° im Lebensmittel. Zum Braten sind jedoch unbedingt höhere Temperaturen erforderlich, die im Mikrowellengerät nur mit dem speziellen Bräunungsgeschirr erreicht werden können. Das leere Geschirr wird im Mikrowellengerät 5 Minuten bei voller Leistung aufgeheizt.

Die Bodenplatte des Bräunungsgeschirrs besteht aus Zinkoxid und erwärmt sich bis auf 400°. Wird das Gargut auf die heiße Bodenplatte gelegt, bräunt es. Es muß natürlich gewendet werden, damit es rundherum braun wird.

Ausstattung der Geräte

Leistungsregulierung

Alle Mikrowellengeräte besitzen zwei oder mehrere Leistungsstufen. Die hohe Leistung von 500–700 Watt dient zum Garen und Erwärmen. Die niedrige Leistungsstufe von etwa 150–200 Watt wird hauptsächlich zum Auftauen verwendet und heißt deshalb auch Auftaustufe.

Um ein besonders schonendes Auftauen und Garen von empfindlichen Lebensmitteln zu ermöglichen, sind auch Geräte mit drei bis zehn Leistungsstufen im Handel.

Temperaturfühler

Einige Geräte verfügen über einen Temperaturfühler (Speisethermometer). Dieser wird in das jeweilige Gargut eingesetzt und mit dem Gerät verbunden. Am Mikrowellengerät wird die spezifische Kerntemperatur vorgegeben. Die Zeiteingabe entfällt hierbei, da das Gerät sich beim Erreichen dieser Kerntemperatur automatisch abschaltet.

Automatikprogramme

Zur Arbeitserleichterung werden Geräte mit Automatikprogramm angeboten. Hierbei wird die Garmethode (zum Beispiel Auftauen) sowie die Art und die Menge des Gargutes eingegeben. Das Gerät ermittelt dann automatisch die zugehörige Zeit und Leistung.

Reinigung – eine schnelle Sache

Da beim Garen im Mikrowellengerät nur wenige Verschmutzungen auftreten, läßt es sich leicht reinigen. Eventuelle Verunreinigungen werden einfach mit einem feuchten Tuch und Spülmittel entfernt. Scharfe Putz- und Scheuermittel dürfen nicht verwendet werden.

Vielseitiger Einsatz des Gerätes

Erwärmen – es schmeckt wie frisch gekocht

In vielen Familien entfällt häufig eine gemeinsame Mahlzeit. Unterschiedliche Essenszeiten zwingen zum Warmhalten der Gerichte. Der Geschmack, das Aussehen sowie der Vitamin- und Nährstoffgehalt der Speisen leiden jedoch darunter. Im Mikrowellengerät dagegen wird ein kaltes Tellergericht ohne weitere Wasser- oder Fettzugabe in 2–3 Minuten erwärmt. Fast alle Gerichte sollten mit einem Deckel oder Teller abgedeckt werden; die Feuchtigkeit bleibt so besser im Lebensmittel erhalten. Die Speisen sollten nach dem Erwärmen im Mikrowellengerät 1 Minute ruhen, damit sich die Wärme gleichmäßig verteilen kann (Nachgareffekt, Ausgleichszeit).

Schmelzen in Sekunden

Im Mikrowellengerät lassen sich Margarine, Butter, Schokolade und Gelatine problemlos schmelzen. Die Zeit hängt dabei von der Menge der Lebensmittel ab, davon, ob sie aus dem Kühlschrank kommen oder Zimmertemperatur haben und von ihrer Frische. Sie benötigen zum Schmelzen von:

6 Blatt eingeweichter Gelatine oder	
1 Päckchen Pulvergelatine	20 Sekunden
50 g Butter	1–1½ Minuten
100 g Butter	1¼–2 Minuten
100 g Schokolade	1–1½ Minuten
400 g Käse oder Flüssigkeit	
für ein Fondue	7–8 Minuten

Garen – anders als bisher

Im Mikrowellengerät ist es eine Selbstverständlichkeit, fast ohne Wasser zu garen. Durch diese Methode – die Wärme wird im Lebensmittel direkt erzeugt – bleiben Vitamine, Mineral- und Nährstoffe in reichem Maß erhalten, da sie nicht durch lange Garzeiten verkocht oder später mit dem Kochwasser weggeschüttet werden. Dadurch bleibt auch der Eigengeschmack der Lebensmittel intensiver erhalten; die Salzzugabe beim Würzen kann also reduziert werden.

Auch beim Garen sollten die Speisen zugedeckt zubereitet werden und anschließend ruhen, damit sich die Wärme gleichmäßig verteilen kann.

Besonders geeignet ist das Mikrowellengerät zum Dämpfen, Dünsten und Kochen. Die benötigte Garzeit hängt dabei immer von der Menge der Zutaten ab. Als Faustregel gilt:

einfache Menge = einfache Zeit
doppelte Menge = doppelte Zeit

Auftauen – schneller als gewohnt

Das Mikrowellengerät ist eine ausgezeichnete Ergänzung zum Gefriergerät. Die langen Auftauzeiten der Lebensmittel werden erheblich verkürzt. Die spezielle Auftaustufe sorgt für ein gleichmäßiges Auftauen der Lebensmittel, ohne sie zu erwärmen. Empfindliche Lebensmittel, die nur langsam auftauen sollen, muß man schon aus dem Gerät nehmen, wenn der Kern noch gefroren ist. Sahne zum Beispiel würde sich sonst später nicht mehr schlagen lassen. Während der Ausgleichszeit (Ruhezeit) tauen diese Lebensmittel dann vollkommen auf.

Auftauen und erwärmen: Die gegarten, tiefgefrorenen Speisen werden mit der Auftaustufe aufgetaut, aus der Packung herausgenommen und in einem Gefäß mit Deckel bei voller Leistung erwärmt.

Auftauen und gleichzeitig garen: Die Lebensmittel – hauptsächlich tiefgefrorenes Gemüse, Obst und Fisch – werden mit Fett und Gewürzen in einem Gefäß mit Deckel sofort bei voller Leistung gegart.

Für alle Lebensmittel, die erwärmt oder gegart werden, sollte eine Nachgarzeit von mindestens 2 Minuten miteinberechnet werden.

Die jeweiligen Zeiten für Auftauen, Erwärmen und Garen entnehmen Sie bitte den Tabellen auf den Seiten 9–11.

Braten – ist das möglich?

Zum Braten ist das Mikrowellengerät nur bedingt geeignet. Die erreichten Temperaturen – um 100° – sind zu niedrig, um die gewohnte Bräunung zu erzielen. Das Aussehen kann jedoch durch Zugabe von Paprika- oder Currypulver und Sojasauce sowie durch das Bestreichen mit Eiweiß verbessert werden. Die herkömmliche Brattemperatur um 200° kann nur mit Hilfe des speziellen Bräunungsgeschirrs (siehe Seite 6) erreicht werden. Viele Fleischgerichte wie Geschnetzeltes, rohes Kasseler, Roastbeef oder Hackfleischgerichte lassen sich jedoch auch ohne Spezialgeschirr mit gutem Ergebnis im Mikrowellengerät zubereiten.

Erwärm-, Auftau- und Gartabellen

Erwärmen mit voller Leistung

Lebensmittel	Menge	Tips	Zeit
Fisch	siehe Tabelle »Auftauen und Garen« Seite 11		
Fleisch			
Braten	150 g	abdecken	1½ Minuten
	300 g	abdecken	3–3½ Minuten
Fleisch, paniert	150 g	offen, leicht anfeuchten	1–1½ Minuten
Gulasch	500 g	abdecken	5–6 Minuten
Weißwurst, Wiener Würstchen	2 Stück	abgedeckt mit	2–2½ Minuten Auftaustufe
Bockwurst	1 Stück	2 Eßlöffeln Wasser, die Haut anstechen	2–2¼ Minuten Auftaustufe
Gemüse	150 g	abdecken und	1–1¼ Minuten
	300 g	nachher umrühren	2–2½ Minuten
Getränke			
Kaffee, Tee	⅛ l	nachher umrühren	½–¾ Minute
Wasser, Glühwein, Grog	⅛ l	umrühren	1–1½ Minuten
Milch	⅛ l	umrühren	½–¾ Minute
Babyflasche	200 ml	schütteln	1–1½ Minuten
Saucen	⅛ l	abdecken und	¾–1 Minute
	¼ l	zwischendurch umrühren	1½–2 Minuten
Suppen			
Brühe (mit Einlage)	¼ l	abdecken	2–2¼ Minuten
Gebundene Suppen	¼ l	abdecken und nachher umrühren	2–3 Minuten
Tellergerichte	1 Portion	abdecken	2–3 Minuten

Erwärm-, Auftau- und Gartabellen

Auftauen mit der Auftaustufe

Empfindliche Lebensmittel werden nur angetaut. Sie tauen dann während der Ausgleichzeit vollkommen auf. Die Auftauzeiten beziehen sich auf eine Gefriertemperatur von $-18°$.

Lebensmittel	Menge	Tips	Zeit	Ausgleichszeit
Fisch				
Fischfilet	200 g	abdecken	2–3 Minuten	
Krabben	200 g	einmal wenden	7–8 Minuten	
Fleisch				
Fleisch im Stück	500 g	abdecken	11–14 Minuten	5 Minuten
	1000 g	antauen	22–30 Minuten	10 Minuten
Hackfleisch	250 g	abdecken	5–6 Minuten	
Innereien	250 g	abdecken, Stücke	5–6 Minuten	
	500 g	nebeneinander legen	10–12 Minuten	5 Minuten
Schnitzel, Kotelett	200 g	abdecken	3–4 Minuten	
Gebäck				
trockener Kuchen	1 Stück	abdecken	½ Minute	
Obstkuchen	1 Stück	offen, antauen	2–3 Minuten	5–7 Minuten
Sahnetorte	1 Stück	offen, antauen	½–¾ Minute	10 Minuten
Weiß- und Graubrot	500 g		7–8 Minuten	10 Minuten
	1 Scheibe	abdecken, antauen	½ Minute	½ Minute
Geflügel				
Hähnchen	900 g	Flügel und Keulen	20–22 Minuten	10 Minuten
Ente	2000 g	mit Alufolie abdecken	40–45 Minuten	20 Minuten
Keulen	500 g	abdecken	15–20 Minuten	10 Minuten
Gemüse	Siehe Tabelle »Auftauen und Garen« Seite 11			
Molkereiprodukte				
Sahne	¼ l	antauen	4–5 Minuten	5 Minuten
Butter	125 g	antauen	1½–2 Minuten	15 Minuten
	250 g	antauen	3–4 Minuten	15 Minuten
Obst				
Beerenfrüchte	250 g	abdecken, einmal wenden	3–4 Minuten	5 Minuten
Steinobst	250 g	abdecken, einmal wenden	4–5 Minuten	5 Minuten
Wild	1000 g	abdecken	20–25 Minuten	10 Minuten
Hasenrücken	600 g	abdecken	15–17 Minuten	10 Minuten

Auftauen und Garen bei voller Leistung

Lebensmittel	Menge	Tips	Zeit
Fertiggericht mit Käse oder Gemüse	400 g	offen garen	8–10 Minuten
Fisch Forellen	2 Stück (etwa 400 g)	vorher mit heißem Essigwasser übergießen, abschütten. Abgedeckt garen	7–8 Minuten
Fischfilet	400 g	abdecken	5–6 Minuten
Fischfilet mit Sauce	400 g	abdecken und mit ¼ l Flüssigkeit garen	8–10 Minuten
Fleisch		eignet sich nicht zum Auftauen und gleichzeitigem Garen	
Gemüse 1 Paket Tiefkühlkost (z. B. Spinat, Erbsen, Rotkohl, Rosenkohl, Broccoli, Mischgemüse)	300 g	Mit Fett abgedeckt garen. Einmal umrühren	7–9 Minuten
selbst eingefrorenes Gemüse Blumenkohl, Erbsen, Spargel, Spinat	300 g	Mit 3 Eßlöffeln Wasser und Fett abgedeckt garen. Einmal umrühren	9–12 Minuten
Möhren, Steckrüben	300 g	Mit 5 Eßlöffeln Wasser und Fett abgedeckt garen, umrühren	11–14 Minuten
Pilze	500 g	Ohne Wasser abgedeckt garen	7–8 Minuten

Suppen zum Auftakt

Pikante Käsesuppe

Zutaten für 2 Personen:
20 g Butter · 30 g Mehl · ½ l Fleischbrühe ·
1 Ecke Sahneschmelzkäse (62,5 g) · Salz · weißer
Pfeffer, frisch gemahlen · geriebene Muskatnuß ·
2 Eßl. trockener Weißwein · 1 Eßl. Petersilie,
frisch gehackt
Pro Portion etwa 1045 Joule/240 Kalorien

● Garzeit:	½ (½) Minute
	6 (7) Minuten
	2 (2¼) Minuten
Gesamt:	8½ (9¾) Minuten

So wird's gemacht: Die Butter in einer Schüssel
offen in etwa ½ Minute schmelzen. • Das Mehl
mit dem Schneebesen unterrühren. Die Brühe
unter weiterem Rühren zugießen und abgedeckt
in 6 (7) Minuten zum Kochen bringen; dabei
mehrmals umrühren. • Den Schmelzkäse in
Würfel schneiden, in die Suppe geben und abgedeckt in 2 (2¼) Minuten schmelzen lassen. • Die
Suppe mit Salz, Pfeffer, Muskat und dem Wein
abschmecken und mit der Petersilie bestreut servieren.

Kartoffelsuppe

Bild 2. Umschlagseite

Zutaten für 3 Personen:
50 g durchwachsener Speck · 1 Zwiebel ·
300 g mehligkochende Kartoffeln · 70 g Möhren ·
70 g Knollensellerie · 1 Stange Lauch/Porree von
etwa 100 g · 2 Mettwürstchen von je 100 g ·
¾ l Fleischbrühe · Salz · weißer Pfeffer, frisch
gemahlen · 1 Eßl. Petersilie, frisch gehackt
Pro Portion etwa 2035 Joule/485 Kalorien

● Vorbereitungszeit:	etwa 15 Minuten
● Garzeit:	2½ (3) Minuten
	15 (17) Minuten
Gesamt:	17½ (20) Minuten

So wird's gemacht: Den Speck kleinwürfeln. Die
Zwiebel schälen und feinhacken. Die Kartoffeln,
die Möhren und den Sellerie waschen, schälen
und in kleine Würfel teilen. Den Lauch ebenfalls
waschen und in Ringe schneiden. Die Mettwürstchen in Scheiben schneiden. • Den Speck
und die Zwiebel in eine Schüssel geben und offen 2½ (3) Minuten garen. • Das Gemüse und die
Wurstscheiben dazugeben und mit der Fleischbrühe auffüllen. Zugedeckt weitere 15 (17) Minuten garen; dabei einige Male umrühren. • Die
Suppe mit Salz und Pfeffer abschmecken und
mit der Petersilie bestreut servieren.

Tomatensuppe

Zutaten für 2 Personen:
1 Dose geschälte Tomaten (450 g) · 30 g Butter ·
30 g Mehl · Saft von ½ Zitrone · Salz · weißer
Pfeffer, frisch gemahlen · 1 Prise Zucker ·
3–4 Eßl. geschlagene Sahne · 1 Eßl. Schnittlauch-
röllchen oder Petersilie, frisch gehackt
Pro Portion etwa 1130 Joule/265 Kalorien

● Vorbereitungszeit:	etwa 5 Minuten
● Garzeit:	1 (1) Minute
	1 (1¼) Minute
	6 (7) Minuten
Gesamt:	8 (9¼) Minuten

So wird's gemacht: Die Tomaten abtropfen lassen und den Saft dabei auffangen. Die Tomaten
in kleine Stücke schneiden. • Die Butter in einer
Schüssel in etwa 1 Minute offen schmelzen lassen. Das Mehl unterrühren und in 1 (1¼) Minute

anschwitzen. • Die Mehlschwitze mit dem Tomatensaft ablöschen; dabei kräftig mit dem Schneebesen rühren. Die Tomatenstücke zugeben und die Suppe in 6 (7) Minuten abgedeckt zum Kochen bringen. • Die Suppe mit dem Zitronensaft, Salz, Pfeffer und dem Zucker abschmecken und in Suppentassen füllen. Jeweils einen Klecks Schlagsahne daraufgeben und mit dem Schnittlauch oder der Petersilie bestreuen.

Unser Tip Sie können die Tomatensuppe noch mit 50 g frisch geriebenem mittelaltem Gouda oder etwas Gin verfeinern.

Forellensuppe mit Dill

Zutaten für 2 Personen:
30 g Butter · 30 g Mehl · ½ l Hühnerbrühe ·
150 g geräuchertes Forellenfilet · 2–3 Eßl. Crème
fraîche · weißer Pfeffer, frisch gemahlen ·
1 Eßl. Dill, frisch gehackt
Pro Portion etwa 1165 Joule/275 Kalorien

● Garzeit: 1 (1) Minute
1¾ (2) Minuten
6 (7) Minuten
4 (4) Minuten
bei Auftaustufe

Gesamt: 12¾ (14) Minuten

So wird's gemacht: Die Butter in eine Schüssel geben und in etwa 1 Minute offen schmelzen lassen. • Das Mehl gründlich unterrühren und weitere 1¾ (2) Minuten erhitzen, dabei mehrmals umrühren. • Die Brühe zugießen und alles mit dem Schneebesen gut verrühren. Die Suppe in 6 (7) Minuten zugedeckt zum Kochen bringen.

• Das Forellenfilet gegebenenfalls häuten, in Stücke schneiden und in der Suppe 4 Minuten bei Auftaustufe ziehen lassen. • Die Forellensuppe mit der Crème fraîche und Pfeffer abschmecken und mit dem Dill bestreuen.

Exotische Krabbensuppe

Zutaten für 2 Personen:
⅜ l Hühnerbrühe · 2 Teel. Currypulver ·
⅛ l Sahne · 150 g Krabben
Pro Portion etwa 445 Joule/115 Kalorien

● Garzeit: 4½ (5¼) Minuten
1½ (1¾) Minuten

Gesamt: 6 (7) Minuten

So wird's gemacht: Die Hühnerbrühe in einer Schüssel mit Deckel 4½ (5¼) Minuten erhitzen. • Das Currypulver, die Sahne und die Krabben untermischen und die Suppe weitere 1½ (1¾) Minuten zugedeckt erhitzen.

Das paßt dazu: Toast- oder Weißbrot

Wichtiger Hinweis!

Die Zeitangaben beziehen sich auf Geräte mit 700 Watt, die in Klammern auf 600 Watt

Aufläufe schmecken immer

Sauerkrautauflauf

Zutaten für 4 Personen:
500 g mehligkochende Kartoffeln · 2 große
Zwiebeln · 500 g Sauerkraut · 1 säuerlicher
Apfel (150 g) · 80 g Butter · 500 g gemischtes
Hackfleisch · Paprikapulver edelsüß · Salz ·
weißer Pfeffer, frisch gemahlen · 2 Lorbeerblät-
ter · 4 Wacholderbeeren · Fett für die Form ·
⅛ l Fleischbrühe · 150 g Schweizer Käse, frisch
gerieben
Pro Portion etwa 3320 Joule/790 Kalorien

● Vorbereitungszeit:	etwa 5	Minuten
● Garzeit:	8 (9¼)	Minuten
	8 (9¼)	Minuten
	15 (17½)	Minuten
Gesamt:	31 (36)	Minuten

So wird's gemacht: Die Kartoffeln gründlich waschen, die Schalen einstechen und die Kartoffeln
in einer Schüssel mit Deckel 8 (9¼) Minuten garen. ● Inzwischen die Zwiebeln schälen und feinwürfeln. Das Sauerkraut feinschneiden. Den Apfel schälen, vierteln, vom Kerngehäuse befreien
und grobraspeln. ● Die garen Kartoffeln mit kaltem Wasser abschrecken und ausdampfen lassen. ● Die Hälfte der Zwiebeln mit 30 g Butter
und dem Hackfleisch in eine Schüssel geben. Die
Masse mit Paprikapulver, Salz und Pfeffer würzen, gut vermischen und 8 (9¼) Minuten abgedeckt garen. Dabei mehrmals umrühren. ● In der
Zwischenzeit die Kartoffeln schälen und in feine

> **Unser Tip** Die Schalen von Kartoffeln,
> Äpfeln und ähnlichem sowie die Haut von
> Würstchen sollten Sie vor der Zubereitung
> anstechen, damit sie beim Garen nicht
> platzen können.

Scheiben schneiden. Das Sauerkraut mit den
Apfelraspeln, den restlichen Zwiebeln, den Lor-
beerblättern und den Wacholderbeeren mischen. ● Eine Auflaufform ausfetten. Das Sauerkraut, das Hackfleisch und die Kartoffelscheiben lagenweise einschichten. Die Brühe seitlich
angießen und den Käse darüberstreuen. Die restliche Butter in Flöckchen darauf verteilen. ● Den
Auflauf weitere 15 (17½) Minuten offen garen. ●
Den Sauerkrautauflauf vor dem Servieren 5 Minuten ruhen lassen.

Zucchiniauflauf

Zutaten für 3–4 Personen:
300 g Zucchini · 250 g Tomaten · 150 g
Champignons · 75 g Sahneschmelzkäse · 350 g
gemischtes Hackfleisch · 1 Ei · Salz · schwarzer
Pfeffer, frisch gemahlen · Paprikapulver edelsüß ·
1 Knoblauchzehe · Fett für die Form · 1 Päckchen
tiefgefrorene Kräuter der Provence · 50 g Emmen-
taler Käse, frisch gerieben
Bei 4 Personen pro Portion etwa 1675 Joule/
400 Kalorien

● Vorbereitungszeit:	etwa 15	Minuten
● Garzeit:	11½ (13½)	Minuten
	2½ (3)	Minuten
Gesamt:	14 (16½)	Minuten

So wird's gemacht: Die Zucchini, die Tomaten
und die Champignons waschen und abtrocknen.
Die Zucchini und die Tomaten von den Stielansätzen befreien und in etwa 1 cm dicke Scheiben
schneiden. Die Champignons putzen und in sehr
dünne Scheiben schneiden. Den Schmelzkäse
ebenfalls in Scheiben teilen. ● Das Hackfleisch
mit dem Ei, Salz, Pfeffer und Paprikapulver würzen. Die Knoblauchzehe schälen, durch die Presse drücken und zusammen mit den Pilzen unter
das Hackfleisch mischen. ● Eine Auflaufform

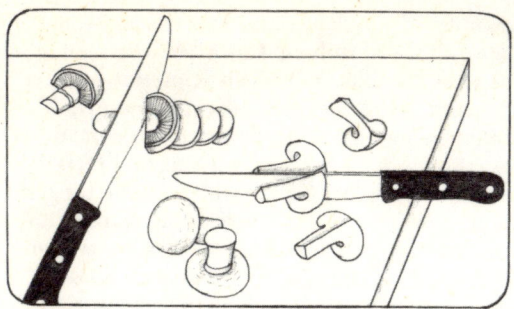

Champignons werden sorgfältig von allen Schmutzresten befreit und in dünne Scheiben geschnitten.

ausfetten und lagenweise mit dem Hackfleisch, den Tomatenscheiben, den Kräutern, dem Schmelzkäse und den Zucchinischeiben füllen. • Den Auflauf 11½ (13½) Minuten abgedeckt garen. • Den Käse darüberstreuen und den Auflauf weitere 2½ (3) Minuten offen garen. • Den Zucchiniauflauf vor dem Servieren 5 Minuten ruhen lassen.

Das paßt dazu: Reis oder Salzkartoffeln

Steckrübengratin mit Käsesauce und Frühlingszwiebeln

Gehören Sie auch zu dem Personenkreis derer, die sich über das Comeback der Steckrübe freuen? Lange Zeit wurde sie auf dem Küchenzettel gar nicht oder nur sehr selten vermerkt. Heute probieren immer mehr Leute das schmackhafte, gesunde Wintergemüse.

Zutaten für 3–4 Personen:
750 g Steckrübe · 4 Eßl. Wasser · 1 Bund Frühlingszwiebeln · 120 g mittelalter Goudakäse ·

30 g Butter · 30 g Mehl · ⅜ l Fleischbrühe · 1 Becher Crème fraîche (200 g) · weißer Pfeffer, frisch gemahlen · geriebene Muskatnuß · eventuell etwas Salz · 30 g Parmesankäse, frisch gerieben
Bei 4 Personen pro Portion etwa 1840 Joule/ 440 Kalorien

● Vorbereitungszeit:	etwa 10	Minuten
● Garzeit:	12 (14)	Minuten
	1 (1)	Minute
	4 (4¾)	Minuten
	3½ (4)	Minuten
	3½ (4)	Minuten
Gesamt:	24 (27¾)	Minuten

So wird's gemacht: Die Steckrübe waschen, halbieren, schälen, in etwa 1 cm dicke Scheiben schneiden und fächerförmig in eine längliche Auflaufform mit Deckel schichten. Das Wasser hinzugießen und die Steckrübe abgedeckt in 12 (14) Minuten weich kochen. • Inzwischen die Frühlingszwiebeln putzen, waschen und in dünne Ringe schneiden. Den Goudakäse grobraspeln. • Die Steckrübenscheiben aus dem Mikrowellengerät herausnehmen. • Die Butter in einer Schüssel in etwa 1 Minute offen schmelzen lassen. • Das Mehl dazugeben und gut mit der Butter verrühren. Die Fleischbrühe unter ständigem Rühren hinzufügen und abgedeckt 4 (4¾) Minuten erhitzen. Dabei mehrmals umrühren, damit sich das Mehl nicht am Schüsselboden absetzt. • Die Crème fraîche und den Goudakäse in die Sauce rühren und in 3½ (4) Minuten abgedeckt zum Kochen bringen. • Die Käsesauce mit Pfeffer, Muskatnuß und eventuell Salz abschmek-

Wichtiger Hinweis!

Die Zeitangaben beziehen sich auf Geräte mit 700 Watt, die in Klammern auf 600 Watt

ken. • Die Sauce über die Steckrübenscheiben gießen. Die Frühlingszwiebeln darüber verteilen und mit dem Parmesankäse bestreuen. • Das Gratin weitere 3½ (4) Minuten offen garen.

Rosenkohlauflauf

Zutaten für 3 Personen:
300 g mehligkochende Kartoffeln · 350 g Möhren · 1 Paket tiefgefrorener Rosenkohl (300 g) · 2 Eßl. Wasser · 100 g Knoblauch-hartwurst · ¼ l Gemüsebrühe (Instant) · 100 g Crème fraîche oder saure Sahne · 100 g Doppel-rahm-Frischkäse mit Kräutern · 2 Eßl. Mehl (20 g) · Salz · weißer Pfeffer, frisch gemahlen · geriebene Muskatnuß · 50–100 g Emmentaler oder mittelalter Goudakäse, frisch gerieben
Pro Portion etwa 2665 Joule/635 Kalorien

● Vorbereitungszeit:	etwa 10	Minuten
● Garzeit:	13 (15¼)	Minuten
	5½ (6½)	Minuten
	2½ (3)	Minuten
Gesamt:	21 (24¾)	Minuten

So wird's gemacht: Die Kartoffeln und die Möhren schälen, waschen und in gleich große Würfel schneiden. • Die Kartoffeln und die Möhren mit dem Rosenkohl und dem Wasser in eine Auflaufform mit Deckel geben und zugedeckt 13 (15¼) Minuten garen. Dabei einmal umrühren. • Inzwischen die Wurst in dünne Scheiben schneiden. Die Gemüsebrühe mit der Crème fraîche

oder der sauren Sahne und dem Frischkäse in einer Schüssel verrühren. Das Mehl darüberstäuben und gründlich mit einem Schneebesen untermischen. • Die Sauce zugedeckt in 5½ (6½) Minuten zum Kochen bringen; dabei einmal durchrühren. • Die Sauce mit Salz und Pfeffer abschmecken. Das Gemüse mit Salz, Pfeffer und Muskat würzen. • Die Wurstscheiben unter das Gemüse mischen und die Sauce darübergießen. Den Käse darüberstreuen. • Den Auflauf noch einmal offen 2½ (3) Minuten erhitzen, bis der Käse zerlaufen ist.

Wichtiger Hinweis!
Die Zeitangaben beziehen sich auf Geräte mit 700 Watt, die in Klammern auf 600 Watt

Mit Hilfe dieser Fotos (von links nach rechts) ist das ▷ Chow mein ganz einfach zuzubereiten: Die geschälten Zwiebeln feinhacken und in Butter anbraten. Die Paprikaschote waschen, putzen, mit dem vorbereiteten Lauch und den Möhren in Streifen schneiden und zu den Zwiebeln geben. Die restlichen Zutaten untermischen und das Chow mein fertiggaren. Rezept Seite 24.

Kartoffelauflauf

Kartoffeln haben Sie sicher immer im Haus, so daß Sie diesen schmackhaften Auflauf auch für unerwarteten Besuch zubereiten können.

Zutaten für 2 Personen:
500 g mehligkochende Kartoffeln · 1 Knoblauch-
zehe · 300 ml Milch · 1 Ecke Sahneschmelzkäse
(62,5 g) · 120 g Greyerzer oder mittelalter
Goudakäse · Fett für die Form · Salz · schwarzer
Pfeffer, frisch gemahlen · geriebene Muskatnuß ·
20 g Butter
Pro Portion etwa 2760 Joule/650 Kalorien

- Vorbereitungszeit: etwa 15 Minuten
- Garzeit: 4 (4¾) Minuten
                             15 (17½) Minuten

  Gesamt: 19 (22¼) Minuten

So wird's gemacht: Die Kartoffeln schälen, wa-schen und in etwa ½ cm dicke Scheiben schnei-den. Die Knoblauchzehe ebenfalls schälen, durch die Presse drücken und mit der Milch und dem Schmelzkäse in eine Schüssel geben. • Die-se Mischung in 4 (4¾) Minuten abgedeckt zum Kochen bringen. • Inzwischen den Käse reiben. Eine Auflaufform ausfetten und die Kartoffel-scheiben fächerförmig einschichten. Dabei jede Schicht mit Salz, Pfeffer und Muskat würzen. • Etwa 50 g des geriebenen Käses in die kochende Milch streuen und unterrühren, bis er sich gelöst hat. • Die Käsemilch über die Kartoffelscheiben gießen und den restlichen Käse darüberstreuen. Die Butter in Flöckchen darauf verteilen. • Den Auflauf 15 (17½) Minuten offen garen.

◁ Schellfisch im Wurzelsud ist ein ausgesprochen schnel-les und köstliches Fischgericht. Als Beilage passen am besten Petersilienkartoffeln. Rezept Seite 22.

Quarkauflauf mit Äpfeln

Mit einer leichten Suppe vorweg ein vollwertiges Hauptgericht.

Zutaten für 2–3 Personen:
250 g Magerquark · 3 Eßl. Zucker · 1 Päckchen
Vanillinzucker · 1 Prise Salz · 20 g Speisestärke ·
2 Eier · etwas abgeriebene unbehandelte
Zitronenschale · eventuell 1 Eßl. Rosinen · Fett
für die Form · 1 säuerlicher Apfel (etwa 150 g) ·
Mandelblättchen zum Bestreuen
Bei 3 Personen pro Portion etwa 1340 Joule/
320 Kalorien

- Vorbereitungszeit: etwa 10 Minuten
- Garzeit: ·4¾ (5½) Minuten
                   3½ (4) Minuten
                       bei Auftaustufe

  Gesamt: 8¼ (9½) Minuten

So wird's gemacht: Den Quark mit dem Zucker, dem Vanillinzucker, dem Salz, der Speisestärke, den Eiern und der Zitronenschale mit den Quir-len des Handrührgerätes gründlich verrühren. Nach Wunsch die Rosinen untermischen. • Eine Auflaufform ausfetten und die Quarkmasse hin-eingießen. • Den Apfel schälen, achteln und vom Kerngehäuse befreien. Die Apfelachtel auf der gewölbten Seite mehrmals der Länge nach einritzen und auf dem Quark verteilen. Die Man-delblättchen darüberstreuen. • Den Auflauf 4¾ (5½) Minuten offen garen. Danach nochmals bei Auftaustufe 3½ (4) Minuten langsam garen.

Wichtiger Hinweis!

Die Zeitangaben beziehen sich auf Geräte mit 700 Watt, die in Klammern auf 600 Watt

Schlemmen mit Fisch und Fleisch

Fischfilet in Tomatensauce

Zutaten für 2 Personen:
400 g tiefgefrorenes Fischfilet · 6 Eßl. trockener Rotwein · 6 Eßl. Sahne · 3 Eßl. Tomatenmark · 1 Prise Zucker · 2 Eßl. Zitronensaft · Salz · weißer Pfeffer, frisch gemahlen · 1 Eßl. Crème fraîche
Pro Portion etwa 1120 Joule/265 Kalorien

- Garzeit: 5 (5) Minuten bei Auftaustufe
                  7 (8) Minuten

  Gesamt: 12 (13) Minuten

So wird's gemacht: Den tiefgefrorenen Fisch in einer länglichen Form mit Deckel 5 Minuten bei Auftaustufe in das Mikrowellengerät stellen. • Inzwischen den Rotwein mit der Sahne, dem Tomatenmark und dem Zucker verrühren. • Das Fischfilet mit dem Zitronensaft beträufeln, mit Salz und Pfeffer würzen und mit der Tomatensauce übergießen. • Das Fischfilet weitere 7 (8) Minuten zugedeckt garen. • Die Tomatensauce mit der Crème fraîche verfeinern.

Das paßt dazu: Reis oder Weißbrot

Überbackenes Schollenfilet

Zutaten für 2 Personen:
1 kleine Zwiebel · 30 g durchwachsener Speck · 125 g Champignons · 3 Eßl. Zitronensaft · 1 Päckchen tiefgefrorenes Suppengrün (30 g) · 250 g tiefgefrorenes Schollenfilet · weißer Pfeffer, frisch gemahlen · ½ Becher Crème fraîche (100 g) · 6 Eßl. trockener Weißwein · 50 g Emmentaler Käse, frisch gerieben

Pro Portion etwa 2210 Joule/525 Kalorien

- Vorbereitungszeit: etwa 15 Minuten
- Garzeit: 3½ (4) Minuten
                            10 (11¾) Minuten

  Gesamt: 13½ (15¾) Minuten

So wird's gemacht: Die Zwiebel schälen und feinwürfeln. Den Speck ebenfalls würfeln. Die Champignons putzen, in feine Scheiben schneiden und mit etwas Zitronensaft beträufeln. • Die Zwiebel- und die Speckwürfel mit dem Suppengrün in eine Form geben und 3½ (4) Minuten offen garen. • Den Fisch mit dem restlichen Zitronensaft beträufeln und mit Pfeffer würzen. • Die Champignons und den Fisch zu den vorgegarten Zutaten in die Form legen. Die Crème fraîche mit dem Weißwein und dem Käse verrühren und darübergießen. • Den Fisch 10 (11¾) Minuten offen garen.

Das paßt dazu: Salzkartoffeln oder Weißbrot

Fischfilet Hawaii

Zutaten für 2 Personen:
400 g Kabeljaufilet · 4 Eßl. Zitronensaft · 4 kleine Ananasscheiben · Salz · weißer Pfeffer, frisch gemahlen · 2 Eßl. Tomatenmark · 4 Scheiben gekochter Schinken (etwa 100 g) · 4 Scheiben mittelalter Goudakäse (etwa 120 g) · Kaiserkirschen und krause Petersilie zum Verzieren
Pro Portion etwa 2460 Joule/585 Kalorien

- Vorbereitungszeit: etwa 15 Minuten
- Garzeit: 7 (8) Minuten
                          1½ (1¾) Minuten

  Gesamt: 8½ (9¾) Minuten

So wird's gemacht: Das Fischfilet waschen, trockentupfen und mit dem Zitronensaft beträufeln. Die Ananasscheiben schälen und den harten Kern aus der Mitte herausschneiden. • Das

Die Ananasscheiben schälen und den harten Kern in der Mitte mit einem spitzen Messer herauslösen.

Fischfilet mit Salz und Pfeffer würzen und mit dem Tomatenmark bestreichen. Den Fisch in eine längliche Form legen und mit den Schinken- und den Ananasscheiben belegen. • Das Fischfilet zugedeckt 7 (8) Minuten garen. • Dann die Käsescheiben darauflegen und das Fischfilet weitere 1½ (1¾) Minuten offen garen. • Mit Kirschen und Petersilie verziert servieren.

Das paßt dazu: Knoblauchbrot oder Baguette

Unser Tip Wenn Sie ein Gericht mit Käse überbacken, sehen Sie ab und zu nach, ob er schon geschmolzen ist. Die Zeit ist vom Fettgehalt, dem Alter und der Menge des Käses abhängig.

Rotbarschfilet mit Krabbensauce

Zutaten für 2 Personen:
400 g tiefgefrorenes Rotbarschfilet · 4 Eßl. Zitronensaft · Salz · weißer Pfeffer, frisch gemahlen · 1 große Zwiebel · 20 g Butter · 6 Eßl. trockener Weißwein · 125 g Krabben · 4 Eßl. Crème fraîche · Petersilie und Zitronenscheiben zum Garnieren
Pro Portion etwa 1890 Joule/450 Kalorien

- Vorbereitungszeit: etwa 10 Minuten
- Garzeit: 10 (11½) Minuten
      3 (3½) Minuten

Gesamt: 13 (15) Minuten

So wird's gemacht: Das Rotbarschfilet mit dem Zitronensaft beträufeln und mit Salz und Pfeffer würzen. • Die Zwiebel schälen und feinwürfeln. • Den Fisch und die Zwiebelwürfel in eine Schüssel mit Deckel geben und mit der Butter in Flöckchen belegen. Den Weißwein angießen. • Das Rotbarschfilet 10 (11½) Minuten zugedeckt garen. • Die Krabben in den Sud geben und alles weitere 3 (3½) Minuten zugedeckt garen; dabei einmal vorsichtig umrühren. • Die Krabbensauce mit der Crème fraîche verfeinern und den Fisch mit Petersilie und Zitronenscheiben garniert servieren.

Das paßt dazu: Reis oder Weißbrot

Wichtiger Hinweis!

Die Zeitangaben beziehen sich auf Geräte mit 700 Watt, die in Klammern auf 600 Watt

Schellfisch im Wurzelsud

Bild Seite 18

Zutaten für 2 Personen:
250 g Möhren · 200 g Knollensellerie ·
⅛ l Wasser · 1 Zitronenscheibe · 500 g Schell-
fisch · Salz
Pro Portion etwa 1185 Joule/280 Kalorien

● Vorbereitungszeit:	etwa 10	Minuten
● Garzeit:	3½ (4)	Minuten
	6 (7)	Minuten
Gesamt:	9½ (11)	Minuten

So wird's gemacht: Die Möhren und den Sellerie
waschen, schälen und in feine Streifen schneiden. ● Das Gemüse mit dem Wasser und der Zitronenscheibe in eine längliche Form mit Deckel
geben und 3½ (4) Minuten zugedeckt garen. ● Inzwischen den Fisch waschen, trockentupfen und
mit Salz bestreuen. ● Den Fisch auf das Gemüse
legen und alles zugedeckt weitere 6 (7) Minuten
garen.

Das paßt dazu: Petersilienkartoffeln

Unser Tip Der Fisch ist fertig gegart,
wenn sich die Rückenflosse leicht heraus-
ziehen läßt.

Schellfisch mit Senfsauce

Zutaten für 2 Personen:
2 Scheiben Schellfisch von je 200 g · 4 Eßl.
Zitronensaft · Salz · 6 Eßl. Wasser · 6 Eßl.
Milch · 20 g Mehl · 2 Eßl. scharfer Senf
Pro Portion etwa 900 Joule/215 Kalorien

● Vorbereitungszeit:	etwa 5	Minuten
● Garzeit:	6 (7)	Minuten
	1¾ (2)	Minuten
Gesamt:	7¾ (9)	Minuten

So wird's gemacht: Den Schellfisch waschen,
trockentupfen, mit 2 Eßlöffeln Zitronensaft beträufeln und salzen. ● Den Fisch und das Wasser
in eine Schüssel mit Deckel geben und 6 (7) Minuten zugedeckt garen. ● Die Milch, das Mehl
und den Senf miteinander verrühren und in den
Fischsud geben. ● Den Sud in 1¾ (2) Minuten offen aufkochen lassen; dabei zwischendurch vorsichtig umrühren. ● Die Senfsauce mit dem restlichen Zitronensaft und Salz abschmecken.

Das paßt dazu: Salzkartoffeln und grüner Salat

Fischfilet
in Bananensauce

Zutaten für 2 Personen:
400 g tiefgefrorenes Fischfilet · 8 Eßl. Zitronen-
saft · Salz · weißer Pfeffer, frisch gemahlen ·
200 g Ananas · 150 g Champignons · 20 g
Butter · 2 kleine reife Bananen · 1–2 Teel.
Currypulver · ⅛ l trockener Weißwein · Mandel-
blättchen, Ananasscheiben und Kirschen zum
Verzieren
Pro Portion etwa 2080 Joule/495 Kalorien

● Vorbereitungszeit:	etwa 15	Minuten
● Garzeit:	12 (14)	Minuten
	4 (4¾)	Minuten
Gesamt:	16 (18¾)	Minuten

So wird's gemacht: Das Fischfilet mit der Hälfte
des Zitronensaftes beträufeln, mit Salz und Pfeffer würzen und in eine längliche Form legen.

• Die Ananas schälen, den harten Kern aus der Mitte entfernen und das Fruchtfleisch in Stücke schneiden. Die Champignons putzen und halbieren. Beide Zutaten auf dem Fisch verteilen und mit der Butter in Flöckchen belegen. • Den Fisch 12 (14) Minuten offen garen. • Inzwischen die Bananen schälen und mit dem restlichen Zitronensaft pürieren. Das Püree mit dem Curry, dem Weißwein und eventuell etwas Salz verrühren. • Das Bananenpüree über das Fischfilet gießen und in 4 (4¾) Minuten offen erhitzen. • Das Fischfilet mit Mandelblättchen, Ananasscheiben und Kirschen verziert servieren.

Schollenröllchen mit Speck

Bild Seite 27

Zutaten für 2 Personen:
250 g tiefgefrorenes Schollenfilet · 4 Eßl. Zitronensaft · Salz · 75 g Bacon (Frühstücksspeck) oder durchwachsener Speck in Scheiben · 1 Ecke Sahneschmelzkäse (62,5 g) · 20 g Butter
Pro Portion etwa 2085 Joule/495 Kalorien

●	Vorbereitungszeit:	etwa 10	Minuten
●	Garzeit:	4	Minuten
			bei Auftaustufe
		5½ (6½)	Minuten
	Gesamt:	9½ (10½)	Minuten

So wird's gemacht: Die Schollenfilets in eine Schüssel mit Deckel legen und 4 Minuten bei Auftaustufe zugedeckt antauen. • Die Filets aus der Form nehmen und der Länge nach halbieren. Jede Hälfte mit Zitronensaft beträufeln, leicht salzen und aufrollen. Jedes Röllchen mit einer Bacon- oder Speckscheibe umwickeln und eventuell mit einem Zahnstocher feststecken. • Die Röllchen dicht nebeneinander in die Schüs-

sel legen und jeweils mit einem Stück Käse und etwas Butter belegen. • Die Röllchen 5½ (6½) Minuten offen garen.

Das paßt dazu: Pellkartoffeln und Tomatensalat

Kabeljaufilet in Orangen-Weißwein-Sauce

Zutaten für 2 Personen:
400 g tiefgefrorenes Kabeljaufilet · 2 Saftorangen · 4 Eßl. Zitronensaft · Salz · weißer Pfeffer, frisch gemahlen · knapp ⅛ l trockener Weißwein · ½ Eßl. Speisestärke · eventuell etwas Orangenlikör
Pro Portion etwa 995 Joule/235 Kalorien

●	Garzeit:	5 (5)	Minuten
			bei Auftaustufe
		7 (8)	Minuten
		1 (1¼)	Minuten
	Gesamt:	13 (14¼)	Minuten

So wird's gemacht: Das Fischfilet in einer Form zugedeckt 5 Minuten bei der Auftaustufe antauen lassen. • Inzwischen die Orangen auspressen. • Die angetauten Kabeljaufilets mit dem Zitronensaft beträufeln und mit Salz und Pfeffer würzen. • Den Orangensaft und den

Wichtiger Hinweis!

Die Zeitangaben beziehen sich auf Geräte mit 700 Watt, die in Klammern auf 600 Watt

Weißwein in die Form zum Fisch gießen und alles zugedeckt 7 (8) Minuten garen. • Die Speisestärke vorsichtig unterrühren und die Sauce offen 1 (1¼) Minuten erhitzen. • Die Sauce mit Salz und Pfeffer abschmecken und eventuell mit etwas Orangenlikör verfeinern.

Das paßt dazu: Salzkartoffeln oder Weißbrot

Makrele in Weißwein

Zutaten für 2 Personen:
1 Makrele von etwa 500 g · 2 Eßl. Zitronensaft · Salz · weißer Pfeffer, frisch gemahlen · 2 Eßl. Petersilie, frisch gehackt · 20 g Butter · ⅛ l trockener Weißwein
Pro Portion etwa 2375 Joule/565 Kalorien

● Vorbereitungszeit: etwa 10 Minuten
● Garzeit: 4 (4¾)   Minuten

So wird's gemacht: Die Makrele innen und außen waschen, abtrocknen und mit dem Zitronensaft beträufeln. Dann mit Salz und Pfeffer würzen und mit der Petersilie füllen. • Die Makrele in eine längliche Form legen und mit der Butter in Flöckchen belegen. • Den Weißwein dazugießen und die Makrele offen 4 (4¾) Minuten garen.

Das paßt dazu: Salz- oder Pellkartoffeln

Unser Tip Wenn Sie ein Mikrowellengerät mit mehreren Leistungsstufen haben, sollten Sie die Makrele bei etwa 350 Watt in 8½ Minuten garen. Bei dieser reduzierten Leistung wird vermieden, daß die Fischhaut beim Garen aufplatzt.

Chow mein

Bild Seite 17

Von diesem Rezept sind unsere Gäste begeistert. Es sieht hübsch aus und schmeckt vorzüglich.

Zutaten für 4 Personen:
3 Zwiebeln · 125 g Möhren · 1 grüne Paprikaschote · 125 g Lauch/Porree · 125 g Champignons · 40 g Butter · 400 g Schweinenacken · 125 g Bambussprossen · 125 g Sojakeimlinge · ¼ l Fleischbrühe · 4 Eßl. Sojasauce · ¼ Teel. Cayennepfeffer
Pro Portion etwa 1810 Joule/430 Kalorien

● Vorbereitungszeit: etwa 15 Minuten
● Garzeit: 5 (5¾) Minuten
                           5 (5¾) Minuten
                           14 (16½) Minuten
───
  Gesamt: 24 (28) Minuten

So wird's gemacht: Die Zwiebeln schälen und würfeln. Die Möhren waschen, schälen und in Streifen schneiden. Die Paprikaschote waschen, halbieren, vom Kerngehäuse und den Rippen befreien und ebenfalls in Streifen schneiden. Den Lauch halbieren, waschen und in etwa ½ cm dünne Scheiben teilen. Die Champignons putzen

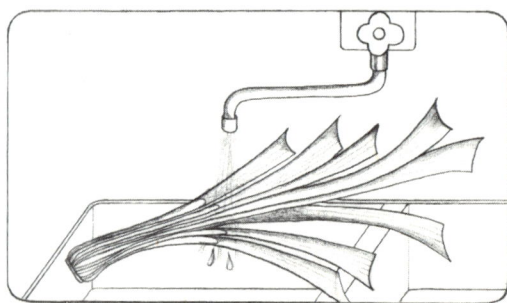

Den Lauch gründlich waschen. Dazu die Stangen längs einschneiden und die Blätter auseinanderbiegen.

und in Scheiben schneiden. Die Zwiebeln mit der Butter in einer großen Schüssel offen 5 (5¾) Minuten dünsten. • Das vorbereitete Gemüse zugeben und weitere 5 (5¾) Minuten garen. • Inzwischen den Schweinenacken und die Bambussprossen in Streifen schneiden. Mit den Sojakeimlingen, der Brühe, der Sojasauce und dem Cayennepfeffer zum Gemüse geben. • Das Chow mein 14 (16½) Minuten zugedeckt garen.

Das paßt dazu: Reis oder Bandnudeln

Kasseler-Spieße

Zutaten für 2 Personen:
200 g Kasseler ohne Knochen · 50 g durchwachsener Speck in Scheiben · 3 Scheiben Ananas ·
20 Perlzwiebeln
Pro Portion etwa 2140 Joule/510 Kalorien

• Vorbereitungszeit:	etwa 15	Minuten
• Garzeit:	6 (7)	Minuten

So wird's gemacht: Das Kasseler in gleich große Würfel schneiden. Die Speckscheiben der Länge nach halbieren und aufrollen. Die Ananasscheiben schälen, den harten Kern in der Mitte entfernen und die Scheiben achteln. • Das Kasseler, die Ananasstücke, die Speckrollen und die Perlzwiebeln abwechselnd auf 4 Holzspieße stecken. • Die Spieße auf einer länglichen Servierplatte 6 (7) Minuten erhitzen.

Das paßt dazu: Weißbrot oder Kartoffelpüree

> **Unser Tip** Die Perlzwiebeln können Sie durch Paprikastücke ersetzen.

Schweinefilet in Curry-Sauce

Bild Seite 28

Zutaten für 2 Personen:
2 große Zwiebeln · 40 g Butter · 2 säuerliche Äpfel (etwa 300 g) · 250 g Schweinefilet · 2 gestrichene Teel. Currypulver · 1 gestrichener Teel. Paprikapulver edelsüß · weißer Pfeffer, frisch gemahlen · ⅛ l Sahne · ⅛ l trockener Weißwein · Salz · 1 Eßl. Mehl · 1 kleine reife Banane
Pro Portion etwa 2930 Joule/700 Kalorien

• Vorbereitungszeit:	etwa 5	Minuten
• Garzeit:	8 (9¼)	Minuten
	4 (4¾)	Minuten
	5 (5¾)	Minuten
Gesamt:	17 (19¾)	Minuten

So wird's gemacht: Die Zwiebeln schälen, feinhacken und in einer großen Schüssel ohne Deckel 8 (9¼) Minuten in der Butter dünsten. • Inzwischen die Äpfel schälen, vom Kerngehäuse befreien und in grobe Würfel schneiden. • Das in Scheiben geschnittene Fleisch, die Apfelwürfel und die Gewürze zu den Zwiebeln geben und alles gut vermengen. Weitere 4 (4¾) Minuten offen garen. • Die Sahne, den Wein, Salz und das Mehl miteinander verrühren. Die Banane schälen und in dünne Scheiben schneiden. • Alle Zutaten in die Schüssel geben und erneut 5 (5¾) Minuten ohne Deckel garen. • Das Schweinefilet einmal umrühren, dann servieren.

Wichtiger Hinweis!

Die Zeitangaben beziehen sich auf Geräte mit 700 Watt, die in Klammern auf 600 Watt

Wurstgulasch

Zutaten für 2 Personen:
2 Zwiebeln · ½ Mettwürstchen (50 g) · 20 g
Butter · 200 g Fleischwurst · 2–3 Teel.
Tomatenmark · 1 Teel. scharfer Senf · knapp
¼ l Wasser · 2 Teel. Mehl · 1 Gewürzgurke ·
2 Eßl. saure Sahne · Salz · Paprikapulver edelsüß
Pro Portion etwa 2280 Joule/545 Kalorien

- Vorbereitungszeit: etwa 5   Minuten
- Garzeit: 5 (5¾)   Minuten
                           6 (7)   Minuten

  Gesamt: 11 (12¾) Minuten

So wird's gemacht: Die Zwiebeln schälen und in feine Würfel schneiden. • Das Mettwürstchen in dünne Scheiben schneiden und mit der Butter in einer Schüssel offen 5 (5¾) Minuten garen. • Inzwischen die Fleischwurst gegebenenfalls häuten, dann in Streifen schneiden und mit dem Tomatenmark, dem Senf und dem Wasser zu dem Mettwürstchen geben. • Das Mehl unterrühren. • Das Wurstgulasch zugedeckt 6 (7) Minuten garen, dabei mehrmals umrühren. • Die Gewürzgurke in kleine Würfel schneiden und zusammen mit der sauren Sahne unter das gegarte Gulasch mischen. Das Wurstgulasch mit Salz und Paprikapulver abschmecken.

Das paßt dazu: Kartoffelpüree oder Reis

Wichtiger Hinweis!

Die Zeitangaben beziehen sich auf Geräte mit 700 Watt, die in Klammern auf 600 Watt

Hackbraten

Zutaten für 4 Personen:
1 altbackenes Brötchen · 2 Zwiebeln · 2 Eier ·
500 g gemischtes Hackfleisch · schwarzer Pfeffer,
frisch gemahlen · ½ Teel. Paprikapulver edelsüß ·
½ Teel. Salz · 1 Teel. scharfer Senf · 4 Scheiben
durchwachsener Speck (etwa 100 g)
Pro Portion etwa 2485 Joule/590 Kalorien

- Vorbereitungszeit: etwa 10 Minuten
- Garzeit: 15 (17½) Minuten

So wird's gemacht: Das Brötchen in lauwarmem Wasser einweichen. • Die Zwiebeln schälen und in feine Würfel schneiden. 1 Ei trennen und das Eiweiß zum Bestreichen beiseite stellen. • Das Hackfleisch, das ausgedrückte Brötchen, die Zwiebelwürfel, die Eier, die Gewürze und den Senf zu einem Teig verkneten und mit angefeuchteten Händen zu einem länglichen Laib

Schollenröllchen mit Speck sind ein raffiniertes Gericht, ▷ das mit dieser Anleitung (von links nach rechts) auch Ungeübten leicht gelingt: Die gefrorenen Fischfilets im Mikrowellengerät antauen. Die Schollenfilets dann längs auseinanderschneiden, aufrollen und jeweils mit Speck umwickeln. Die Rollen mit Zahnstochern feststecken, in eine Schüssel legen und mit Käse und Butter bedecken. Die Schollenröllchen garen, bis der Käse zerlaufen ist. Rezept Seite 23.

formen. • Eine längliche Form mit den Speck-scheiben auslegen. Den Hackbraten daraufiegen und mit dem Eiweiß bestreichen. • Den Braten 15 (17½) Minuten offen garen. Danach 2 Minuten ruhen lassen.

Unser Tip Falls Ihnen der Hackbraten nicht braun genug ist, bestreuen Sie ihn das nächste Mal mit Paprikapulver.

Variante: Käse-Hackbraten

Den Fleischteig für den Hackbraten wie oben beschrieben zubereiten. 1 kleine rote Paprika-schote waschen, halbieren und vom Kerngehäu-se und den Rippen befreien. Die Schote würfeln. 100 g mittelalten Goudakäse ebenfalls in Würfel schneiden. Beide Zutaten unter den Fleischteig mischen. Den Teig zu einem länglichen Laib for-men, mit 1 Eiweiß bestreichen und offen 17 (19¾) Minuten garen.

◁ Das Schweinefilet in Curry-Sauce ist ein festliches Fleischgericht, das Sie zusätzlich mit 1 geputzten, in Scheiben geschnittenen Möhre anreichern können. Rezept Seite 25.

Lammcurry mit Äpfeln

Zutaten für 2 Personen:
300 g Lammkeule · 1 große Zwiebel · 1 säuer-licher Apfel (etwa 150 g) · ½ Banane · 2 gestriche-ne Teel. Currypulver · Salz · 1 Eßl. Honig · 1 Eßl. Johannisbeergelee · 2 Eßl. Zitronensaft
Pro Portion etwa 2105 Joule/500 Kalorien

● Vorbereitungszeit:	etwa 15	Minuten
● Garzeit:	4 (4¾)	Minuten
	13 (15¼)	Minuten
Gesamt:	17 (20)	Minuten

So wird's gemacht: Das Lammfleisch in gleich große Stücke schneiden. Die Zwiebel schälen und würfeln. Den Apfel ebenfalls schälen, vom Kerngehäuse befreien und in grobe Würfel schneiden. Die geschälte Banane in dünne Schei-ben schneiden. • Das Lammfleisch mit dem Cur-rypulver und Salz würzen und in einer Schüssel offen 4 (4¾) Minuten garen. • Die Zwiebel, den Apfel und die Banane mit dem Honig und dem Johannisbeergelee zum Lamm geben und alles weitere 13 (15¼) Minuten zugedeckt garen. • Das Lammcurry mit dem Zitronensaft ab-schmecken und sofort servieren.

Das paßt dazu: körnig gekochter Reis

Unser Tip Das Lammfleisch können Sie auch durch Schweinenacken ersetzen.

Wichtiger Hinweis!

Die Zeitangaben beziehen sich auf Geräte mit 700 Watt, die in Klammern auf 600 Watt

Schweinenackenbraten

Dieser Braten wird sehr saftig und gut im Geschmack. Bei der Zubereitung von weniger als 800 g Fleisch läßt die Bräunung zu wünschen übrig, da die Garzeit zu kurz ist, um das Eiweiß gerinnen zu lassen.

Zutaten für 6 Personen:
40 g Butter · 1,2 kg Schweinenacken ohne Knochen · 1 Päckchen tiefgefrorene Kräuter der Provence · schwarzer Pfeffer, frisch gemahlen · Salz · 3 große Zwiebeln · ⅛–¼ l Wasser
Pro Portion etwa 2550 Joule/605 Kalorien

- Vorbereitungszeit: etwa 10 Minuten
- Garzeit: 1 (1) Minute
                                      26 (30) Minuten
                                      20 (23) Minuten

  Gesamt: 47 (54) Minuten

So wird's gemacht: Die Butter in einer großen länglichen Form in etwa 1 Minute schmelzen lassen. • Den Schweinenacken mit der Butter bestreichen und mit den Kräutern, reichlich Pfeffer und Salz würzen. Die Zwiebeln schälen und in große Würfel schneiden. • Das Fleisch und die Zwiebeln in die Form geben und 26 (30) Minuten offen garen. • Wenn die Zwiebelwürfel braun sind, das Wasser angießen und den Braten weitere 20 (23) Minuten offen garen. • Den Braten aus der Form nehmen und abgedeckt 10 Minuten ruhen lassen. Die Zwiebelsauce dazu servieren.

Unser Tip Falls Ihr Mirowellengerät einen Temperaturfühler besitzt, geben Sie die Kerntemperatur von 88° ein.

Roastbeef

Dieses Rezept läßt sich auch mit der doppelten Menge zubereiten. Bitte die Garzeit dann nur knapp verdoppeln.

Zutaten für 2–3 Personen:
20 g Butter · 500 g gut abgehangene Rinderlende · schwarzer Pfeffer, frisch gemahlen · eventuell etwas Salz
Bei 3 Personen pro Portion etwa 1430 Joule/ 340 Kalorien

- Vorbereitungszeit: etwa 5 Minuten
- Garzeit: 1 (1) Minute
                                      7½ (8¾) Minuten

  Gesamt: 8½ (9¾) Minuten

So wird's gemacht: Die Butter in einer Tasse in etwa 1 Minute offen schmelzen lassen. • Die Lende damit bestreichen und mit reichlich Pfeffer würzen. • Das Fleisch mit der Fettseite nach oben auf eine Platte legen und 7½ (8¾) Minuten offen garen; es ist dann innen rosa. • Das Fleisch nach Wunsch salzen, in Alufolie wickeln und 8 Minuten ruhen lassen, damit der Fleischsaft sich setzt.

Unser Tip Falls Ihr Mikrowellengerät einen Temperaturfühler besitzt, stellen Sie die Kerntemperatur auf 54–56° ein.

Gemüse gehört einfach dazu

Würziger Broccoli

Bild Seite 37

Zutaten für 2 Personen:
400 g Broccoli · ⅛ l Wasser · Salz · schwarzer
Pfeffer, frisch gemahlen oder geriebene
Muskatnuß · 25 g Butter
Pro Portion etwa 670 Joule/160 Kalorien

- Vorbereitungszeit: etwa 10 Minuten
- Garzeit: 8 (9¼) Minuten
-      1 (1) Minute

Gesamt: 9 (10¼) Minuten

So wird's gemacht: Die Broccoli waschen, die
Blätter entfernen und den Stengel am Strunk
schälen. Die Broccoli in die einzelnen Stiele auf-
teilen, ohne die Röschen dabei abzuschneiden. •
Die Broccoli mit dem Wasser in eine Schüssel
mit Deckel geben und zugedeckt in 8 (9¼) Minuten weich dünsten. Dann mit Salz und Pfeffer
oder Muskatnuß abschmecken. • Die Butter in
einer Tasse in etwa 1 Minute offen schmelzen
lassen und über die Broccoli gießen.

Frischer Spargel mit Butter

Zutaten für 2 Personen:
500 g frischer Spargel · gut ¼ l Wasser · Salz ·
1 Prise Zucker · 40 g Butter · 2 Eßl. Petersilie,
frisch gehackt
Pro Portion etwa 935 Joule/225 Kalorien

- Vorbereitungszeit: etwa 15 Minuten
- Garzeit: 13 (15¼) Minuten
-      1 (1) Minute

Gesamt: 14 (16¼) Minuten

So wird's gemacht: Den Spargel dünn schälen
und mit dem Wasser, dem Salz und dem Zucker
in eine längliche Form geben. • Den Spargel zugedeckt 13 (15¼) Minuten garen; dabei zwischendurch einmal wenden. • Den Spargel aus
dem Gefäß nehmen, abtropfen lassen und auf einer Platte anrichten. • Die Butter in einer Tasse
in etwa 1 Minute schmelzen lassen und über den
Spargel gießen. Den Spargel mit der Petersilie
bestreuen und sofort servieren.

Das paßt dazu: Salzkartoffeln, roher oder gekochter Schinken und Rührei

Ananassauerkraut

Zutaten für 2 Personen:
300 g Sauerkraut · 30 g Butter · 200 g Ananas ·
1 Zwiebel · ⅛ l Wasser · Salz · 1 Prise Zucker
Pro Portion etwa 950 Joule/225 Kalorien

- Vorbereitungszeit   etwa 10 Minuten
- Garzeit: 14 (16¼) Minuten

So wird's gemacht: Das Sauerkraut kleinschnei-
den, zerpflücken und mit der Butter in eine
Schüssel mit Deckel geben. Die Ananas schälen,
den harten Kern in der Mitte entfernen und das
Fruchtfleisch in Stücke schneiden. Die Ananas
zum Sauerkraut geben. • Die Zwiebel schälen,
feinwürfeln und ebenfalls hinzufügen. Alles gut
vermischen. • Das Wasser dazugießen. Einen angefeuchteten Bogen Pergamentpapier über das
Sauerkraut legen und das Gemüse abgedeckt

Wichtiger Hinweis!

Die Zeitangaben beziehen sich auf Geräte
mit 700 Watt, die in Klammern auf 600 Watt

14 (16¼) Minuten garen. Dabei zwischendurch mehrmals umrühren. • Das Ananassauerkraut vor dem Servieren mit Salz und dem Zucker abschmecken.

Das paßt dazu: Kartoffelpüree und Kasselerkoteletts

Blumenkohl natur

Zutaten für 2–3 Personen:
1 Blumenkohl von etwa 500 g · ⅛ l Wasser ·
50 g Butter · Salz · geriebene Muskatnuß · 1 Eßl.
Petersilie, frisch gehackt
Bei 3 Personen pro Portion etwa 720 Joule/ 170 Kalorien

- Vorbereitungszeit: etwa 10 Minuten
- Garzeit: 8½ (10) Minuten
                                  1 (1) Minute

  Gesamt: 9½ (11) Minuten

So wird's gemacht: Den Blumenkohl waschen und in Röschen teilen. • Die Blumenkohlröschen mit dem Wasser in eine Schüssel geben und abgedeckt 8½ (10) Minuten garen. • Die Butter mit Salz und Muskat in einer Tasse zugedeckt in

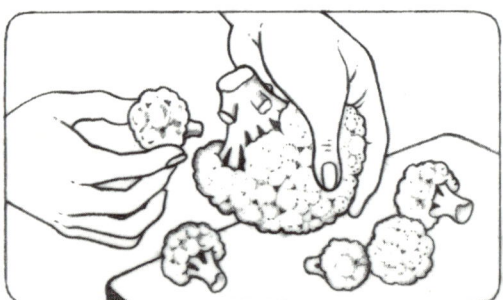

Den Blumenkohl putzen und gründlich waschen, dann in die einzelnen Röschen zerteilen.

etwa 1 Minute schmelzen. • Die gewürzte Butter über den Blumenkohl gießen und die Petersilie darüberstreuen.

Das paßt dazu: Einfache Käsesauce (Rezept Seite 45) und Salzkartoffeln

Variante: Blumenkohl polnisch
1 Blumenkohl von etwa 500 g putzen und waschen. Den Kohl unzerteilt in feuchtes Pergamentpapier wickeln und 12 (14) Minuten garen. 100 g Butter mit 4 Eßlöffeln Semmelbröseln, Salz und geriebener Muskatnuß in einer Schale 4 (4¾) Minuten offen rösten. Diese Mischung über den Blumenkohl gießen.

Wirsinggemüse mit Schinken-Pilzsauce

Zutaten für 2 Personen:
250 g junger Wirsing · 10 Eßl. Wasser ·
100 g Champignons · 50 g gekochter Schinken ·
½ Knoblauchzehe · weißer Pfeffer, frisch
gemahlen · geriebene Muskatnuß · Salz ·
⅛ l Sahne · 150 g Crème fraîche · 1 Eßl. Mehl
Pro Portion etwa 2090 Joule/495 Kalorien

- Vorbereitungszeit: etwa 10 Minuten
- Garzeit: 9½ (11¼) Minuten
                                  3 (3½) Minuten
                                  1¾ (2) Minuten

  Gesamt: 14¼ (16¾) Minuten

So wird's gemacht: Den Wirsing von allen welken Blättern befreien, waschen, abtropfen lassen und in feine Streifen schneiden. • Den Wirsing mit 8 Eßlöffeln Wasser in eine Schüssel mit Deckel geben und 9½ (11¼) Minuten zugedeckt garen; dabei zweimal durchrühren. • Inzwischen für die Sauce die Champignons putzen und in

Scheiben schneiden. Den Schinken feinwürfeln. Den Knoblauch schälen und durch die Presse drücken. • Das Wirsinggemüse mit Pfeffer, Muskat und Salz abschmecken und zugedeckt stehen lassen. • Die Champignons mit dem Schinken, dem Knoblauch, der Sahne und der Crème fraîche in einer Schüssel mit Deckel 3 (3½) Minuten erwärmen. • Das Mehl mit dem restlichen Wasser verrühren und zu der Champignonsauce geben. Alles in 1¾ (2) Minuten abgedeckt zum Kochen bringen. • Die Sauce durchrühren, mit Salz und Pfeffer abschmecken und zum Wirsinggemüse servieren.

Paprikaschoten – vegetarisch gefüllt

Bild Umschlag-Vorderseite

Zutaten für 2 Personen:
2 grüne Paprikaschoten (etwa 300 g) · 200 g Champignons · ½ Bund Petersilie · 2 große Zwiebeln · 2 Teel. Butter · 4 Eßl. gegarter Vollkornreis (140 g) · 2 Eier · 2 Eßl. Sahne · Salz · weißer Pfeffer, frisch gemahlen · Fett für die Form
Pro Portion etwa 1235 Joule/295 Kalorien

• Vorbereitungszeit:	etwa 15	Minuten
• Garzeit:	2½ (3)	Minuten
	8 (9¼)	Minuten
Gesamt:	10½ (12¼)	Minuten

So wird's gemacht: Die Paprikaschoten waschen, längs halbieren und die Stiele, die Rippen und die Kerne herausschneiden. Die Champignons putzen und in dünne Scheiben schneiden. Die Petersilie waschen, trockentupfen und feinhacken. Die Zwiebeln schälen und feinwürfeln. • Die Zwiebelwürfel mit der Butter in einer Schüssel 2½ (3) Minuten offen garen. • Die

Champignons, die Petersilie, den Reis, die Eier und die Sahne mit den Zwiebeln mischen und mit Salz und Pfeffer kräftig würzen. Diese Masse in die Paprikahälften füllen. • Die Paprikaschoten in eine gefettete Form legen und 8 (9¼) Minuten abgedeckt garen. • Die Schoten vor dem Servieren 2 Minuten ruhen lassen.

Steckrübengemüse mit Äpfeln in Majoranbutter

Zutaten für 2 Personen:
375 g Steckrübe · 4 Eßl. Wasser · 1 säuerlicher Apfel (etwa 150 g) · 1–2 Eßl. Zitronensaft · ½ Bund Majoran, ersatzweise 1 Teel. getrockneter Majoran · 30 g Butter · weißer Pfeffer, frisch gemahlen · Salz · Zucker
Pro Portion etwa 850 Joule/200 Kalorien

• Vorbereitungszeit:	etwa 10	Minuten
• Garzeit:	5 (5¾)	Minuten
	1 (1)	Minute
	4 (4¾)	Minuten
	bei Auftaustufe	
Gesamt:	10 (11½)	Minuten

So wird's gemacht: Die Steckrübe waschen, halbieren, schälen und in dünne Streifen schneiden. Die Rübenstreifen mit dem Wasser in eine Schüssel mit Deckel geben und 5 (5¾) Minuten zugedeckt garen. • Inzwischen den Apfel schälen, vierteln, vom Kerngehäuse befreien und in

Wichtiger Hinweis!

Die Zeitangaben beziehen sich auf Geräte mit 700 Watt, die in Klammern auf 600 Watt

Streifen schneiden. Die Apfelstreifen mit dem Zitronensaft beträufeln. Den Majoran waschen und die Blättchen von den Stielen zupfen. • Die garen Steckrübenstreifen herausnehmen und die Apfelstreifen untermischen. Das Gemüse abgedeckt stehen lassen. • Die Butter in eine Tasse geben und offen in etwa 1 Minute schmelzen. • Den Majoran in die geschmolzene, warme Butter geben und unter das Steckrübengemüse mischen. Das Gemüse abgedeckt 4 (4¾) Minuten bei Auftaustufe erwärmen. • Das Gemüse mit Pfeffer, Salz und Zucker abschmecken.

Blattspinat mit Käse

Bild Seite 38

Zutaten für 2 Personen:
1 mittelgroße Zwiebel · 20 g Butter · 1 Knoblauchzehe · 1 Paket tiefgefrorener Blattspinat (300 g) · 3 Eßl. Wasser · geriebene Muskatnuß · Salz · 200 g Mozzarellakäse
Pro Portion etwa 1995 Joule/475 Kalorien

● Vorbereitungszeit:	etwa 5	Minuten
● Garzeit:	4 (4¾)	Minuten
	10 (11½)	Minuten
	2 (2¼)	Minuten
Gesamt:	16 (18½)	Minuten

So wird's gemacht: Die Zwiebel schälen, feinwürfeln und mit der Butter in einer Schüssel 4 (4¾) Minuten offen bräunen. • Die Knoblauchzehe ebenfalls schälen, zerdrücken und mit dem Spinat und dem Wasser zu den gebräunten Zwiebelwürfeln geben. • Den Spinat abgedeckt 10 (11½) Minuten garen, dann mit Muskat und Salz abschmecken. • Den Käse abtropfen lassen, in Scheiben schneiden, auf den Spinat legen und alles weitere 2 (2¼) Minuten garen, bis der Käse geschmolzen ist.

Fenchel in Schinken-Käse-Sauce

Zutaten für 2 Personen:
500 g Fenchel · 1 Tasse Wasser (150 ml) · 50 g gekochter Schinken · 50 g Greyerzer Käse · ½ Eßl. Speisestärke · 2 Eßl. saure Sahne · 1 Eßl. Crème fraîche · Salz · weißer Pfeffer, frisch gemahlen · Paprikapulver edelsüß
Pro Portion etwa 1400 Joule/335 Kalorien

● Vorbereitungszeit:	etwa 10	Minuten
● Garzeit:	9 (10½)	Minuten
	2 (2¼)	Minuten
	2 (2¼)	Minuten
	2 (2¼)	Minuten
Gesamt:	15 (17¼)	Minuten

So wird's gemacht: Den Fenchel putzen, waschen, der Länge nach halbieren und den Strunk herausschneiden. Die Hälften mit der Schnittfläche nach unten in eine Schüssel mit Deckel legen. Das Fenchelgrün feinhacken und beiseite legen. • Das Wasser zum Fenchel gießen und das Gemüse zugedeckt 9 (10½) Minuten garen. • Inzwischen den Schinken gegebenenfalls von Fetträndern befreien, dann feinwürfeln. Den Käse feinraspeln. • Den garen Fenchel aus dem Sud nehmen. • Die Flüssigkeit mit der Speisestärke verrühren und zugedeckt in 2 (2¼) Minuten aufkochen lassen. • Den Schinken und den Käse in die Sauce geben, gut unterrühren und alles im geschlossenen Gefäß 2 (2¼) Minuten erhitzen, bis der Käse geschmolzen ist. • Die saure Sahne und die Crème fraîche unterrühren. Die Sauce mit Salz, Pfeffer und Paprikapulver abschmecken. • Den Fenchel wieder einlegen und zugedeckt in 2 (2¼) Minuten erhitzen. • Den Fenchel mit dem Fenchelgrün bestreut servieren.

Das paßt dazu: Salzkartoffeln

Kartoffeltopf mit Tomaten und Champignons

Zutaten für 2–3 Personen:
3 Tomaten · ½ l Wasser · 2 Zwiebeln · 75 g durch-
wachsener Speck · 600 g mehligkochende Kartof-
feln · 200 g Champignons · 80 g mittelalter
Goudakäse · 1 kleine Knoblauchzehe · ½ Bund
Petersilie · Salz · weißer Pfeffer, frisch gemahlen
Bei 3 Personen pro Portion etwa 1550 Joule/
315 Kalorien

● Vorbereitungszeit:	etwa 15	Minuten
● Garzeit:	6 (7)	Minuten
	2 (2¼)	Minuten
	7 (8)	Minuten
	3 (3½)	Minuten
Gesamt:	18 (20¾)	Minuten

So wird's gemacht: Für die Tomaten das Wasser
in eine kleine Schüssel mit Deckel geben und in
6 (7) Minuten zum Kochen bringen. • Inzwischen die Tomaten oben kreuzweise einritzen,
dann 10 Sekunden in das kochende Wasser legen, bis sich die Haut ablöst. Die Tomaten kalt
abschrecken, häuten und in Achtel schneiden;
dabei die Stielansätze entfernen. • Die Zwiebeln
schälen und feinwürfeln. Den Speck gegebenenfalls von Schwarte und Knorpeln befreien, dann
ebenfalls in Würfel schneiden. Die Kartoffeln
schälen, waschen und in dünne Scheiben schneiden. Die Champignons putzen und ebenfalls in
Scheiben teilen. Den Gouda grobraspeln. Die
Knoblauchzehe schälen und durch die Knoblauchpresse drücken. • Den Speck und die Zwiebeln in eine große Schüssel mit Deckel geben
und 2 (2¼) Minuten garen. • Die Kartoffeln, die
Pilze, den Käse und den Knoblauch dazugeben
und alles 7 (8) Minuten zugedeckt garen. Dabei

mehrmals umrühren. • Die Tomatenachtel dazugeben und 3 (3½) Minuten in der geschlossenen
Schüssel garen. • Inzwischen die Petersilie waschen, trocknen und feinhacken. • Den Kartof-
feltopf umrühren, mit Salz und Pfeffer abschmek-
ken und mit der Petersilie bestreut servieren.

Auberginen mit Käse

Zutaten für 2 Personen:
1 Aubergine von etwa 300 g · 2 Knoblauchzehen ·
4–5 Eßl. Tomatenmark · 1 Teel. tiefgefrorene
Kräuter der Provence oder ½ Teel. getrocknete
Kräuter · 150–200 g Emmentaler oder Greyerzer
Käse · etwas Fett für die Form
Pro Portion etwa 1515 Joule/360 Kalorien

● Vorbereitungszeit:	etwa 15	Minuten
● Garzeit:	7 (8)	Minuten

So wird's gemacht: Die Aubergine waschen, abtrocknen und vom Stielansatz befreien. Dann
ungeschält der Länge nach in etwa ½ cm dünne
Scheiben schneiden. • Die Knoblauchzehen
schälen, durch die Knoblauchpresse drücken
und mit dem Tomatenmark und den Kräutern
verrühren. Den Käse feinraspeln und auf einen
Teller geben. • Die Auberginenscheiben auf bei-
den Seiten mit Tomatenmark bestreichen, dann
in dem Käse wälzen. • Eine leicht gefettete Auf-
lauufform fächerförmig mit den Auberginenscheiben auslegen. Den restlichen Käse darüberstreu-
en. • Die Auberginenscheiben 7 (8) Minuten
offen garen.

Wichtiger Hinweis!

Die Zeitangaben beziehen sich auf Geräte
mit 700 Watt, die in Klammern auf 600 Watt

Tomaten-Paprika-Gemüse

Bild 3. Umschlagseite

Zutaten für 2 Personen:
75 g durchwachsener Speck · 1 Zwiebel · je 1 rote
und grüne Paprikaschote (etwa 300 g) · ½ Teel. ge-
trockneter Majoran · ½ Teel. getrockneter
Thymian · Salz · weißer Pfeffer, frisch
gemahlen · 2 Tomaten (etwa 175 g)
Pro Portion etwa 1270 Joule / 305 Kalorien

● Vorbereitungszeit:	etwa 15	Minuten
● Garzeit:	1¾ (2)	Minuten
	4½ (5¼)	Minuten
	2 (2½)	Minuten
Gesamt:	8¼ (9¾)	Minuten

<u>So wird's gemacht:</u> Den Speck feinwürfeln. Die
Zwiebel schälen und feinhacken. Die Paprikaschoten waschen, halbieren, von den Kernen
und den Rippen befreien und in feine Streifen
schneiden. ● Den Speck und die Zwiebel in eine
Schüssel mit Deckel geben und 1¾ (2) Minuten
zugedeckt garen. ● Die Paprikaschoten dazugeben, alles mit dem Majoran, dem Thymian, Salz
und Pfeffer würzen und zugedeckt weitere 4½
(5¼) Minuten garen. ● Inzwischen die Tomaten
waschen, achteln und von den Stielansätzen befreien. ● Die Tomaten zu dem Paprikagemüse
geben und alles weitere 2 (2½) Minuten garen. ●
Das Gemüse eventuell noch einmal abschmek-
ken, dann servieren.

Wichtiger Hinweis!

Die Zeitangaben beziehen sich auf Geräte
mit 700 Watt, die in Klammern auf 600 Watt

Champignons in Sahnesauce

Zutaten für 2 Personen:
500 g kleine Champignons · 1 Eßl. Zitronensaft ·
1 Bund Petersilie · 150 g Crème fraîche · Salz ·
weißer Pfeffer, frisch gemahlen
Pro Portion etwa 1495 Joule / 355 Kalorien

● Vorbereitungszeit:	etwa 5	Minuten
● Garzeit:	6 (7)	Minuten
	3 (3½)	Minuten
Gesamt:	9 (10½)	Minuten

<u>So wird's gemacht:</u> Die Champignons waschen,
putzen, mit dem Zitronensaft beträufeln und in
eine Schüssel mit Deckel geben. ● Die Pilze 6 (7)
Minuten abgedeckt garen. ● Inzwischen die Petersilie waschen, trockentupfen und feinhak-
ken. ● Die Petersilie und die Crème fraîche zu
den Champignons geben, gut verrühren und weitere 3 (3½) Minuten garen. Die Champignons
mit Salz und Pfeffer abschmecken und sofort
servieren.

<u>Das paßt dazu:</u> kurzgebratenes Fleisch oder
Toastbrot, wenn die Champignons als Vorspeise
serviert werden.

Würziger Broccoli ist eine köstliche Gemüsebeilage, ▷
die auch mit feingewürfeltem Knoblauch ausgezeichnet
schmeckt. Rezept Seite 31.

Köstliche Beilagen

Schnelle Kartoffeln

Durch die geringe Wasserzugabe und die kurze Garzeit bleibt der Eigengeschmack der Kartoffeln so gut erhalten, daß Sie auf die Salzzugabe verzichten können.

Zutaten für 2 Personen:
400 g mehligkochende Kartoffeln · 4 Eßl. Wasser
Pro Portion etwa 600 Joule/145 Kalorien

- Vorbereitungszeit: etwa 10 Minuten
- Garzeit: 8 (9¼) Minuten

So wird's gemacht: Die Kartoffeln schälen, waschen und in gleich große Stücke schneiden. • Die Kartoffeln mit dem Wasser in eine Schüssel mit festschließendem Deckel geben und zugedeckt 8 (9¼) Minuten garen. • Die Kartoffeln 1 Minute ruhen lassen, dann servieren.

> **Unser Tip**   200 g Kartoffeln garen Sie in 4 (4¾) Minuten und 600 g in 12 (14) Minuten. Bei einer größeren Menge sollten Sie die Kartoffeln wie gewohnt im Kochtopf garen.

◁ Der Blattspinat mit Käse wird zum sättigenden Hauptgericht, wenn Sie Knoblauchwurst unter den Spinat mischen und zum Schluß auf dem Käse Eier mitgaren. Rezept Seite 34.

Variante: Pellkartoffeln
400 g etwa gleich große Kartoffeln gründlich waschen und mit einer Gabel mehrmals einstechen, damit die Schalen beim Garen nicht platzen. Die Kartoffeln tropfnaß in eine Schüssel geben und zugedeckt 8 (9¼) Minuten garen. Die Kartoffeln 1 Minute ruhen lassen, dann kalt abschrecken und schälen.

Böhmische Schnitten

Dies ist eine nicht alltägliche Beilage, die durch ihre einfache Zubereitung im Mikrowellengerät jeden begeistern wird.

Zutaten für 2 Personen:
6 Scheiben altbackenes Toastbrot · 2 Eier · 4 Eßl.
Milch · Salz · 1 kleine Zwiebel · 20 g Butter ·
1 Eßl. Petersilie, frisch gehackt
Pro Portion etwa 1210 Joule/290 Kalorien

- Vorbereitungszeit: etwa 20 Minuten
- Garzeit: 1¾ (2) Minuten
                                         2½ (3) Minuten

  Gesamt: 4¼ (5) Minuten

So wird's gemacht: Die Toastbrotscheiben in Würfel schneiden. Die Eier mit der Milch und Salz verrühren, mit den Brotwürfeln vermengen und alles etwa 15 Minuten ziehen lassen. • Inzwischen die Zwiebel schälen und feinwürfeln. Die Zwiebelwürfel mit der Butter und der Petersilie in einer Tasse 1¾ (2) Minuten offen erhitzen. • Die Zwiebelwürfel mit dem eingeweichten

Wichtiger Hinweis!

Die Zeitangaben beziehen sich auf Geräte mit 700 Watt, die in Klammern auf 600 Watt

Brot verkneten und in einen Gefrierkochbeutel füllen. Den Beutel so zusammendrücken, daß eine Rolle entsteht. • Die Masse 2½ (3) Minuten garen, dann aus dem Kochbeutel nehmen und in dicke Scheiben schneiden.

Paßt gut zu: Fleischgerichten mit Sauce

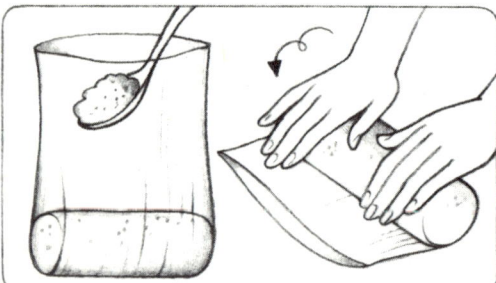

Den Teig für die Böhmischen Schnitten in einen Gefrierbeutel füllen und mit dem Beutel aufrollen.

Körniger Reis

Reis benötigt immer Zeit zum Ausquellen, die auch durch das Mikrowellengerät nicht verkürzt wird. Es bieten sich jedoch andere Vorteile: Der Reis wird im Serviergeschirr gegart und er kann nicht anbrennen.

Zutaten für 2 Personen:
125 g Langkornreis · ¼ l Wasser · ½ Teel. Salz
Pro Portion etwa 835 Joule/200 Kalorien

● Garzeit: 6 (7) Minuten
● Quellzeit: 20 Minuten

So wird's gemacht: Den Reis mit dem Wasser und dem Salz in eine Schüssel geben. • Zugedeckt 6 (7) Minuten ankochen, dann im abgeschalteten Gerät 20 Minuten ausquellen lassen.

Curryreis

Zutaten für 2 Personen:
1 kleine Zwiebel · 20 g Butter · 125 g Langkornreis · ¼ l Wasser · 1–2 Teel. Currypulver · Salz
Pro Portion etwa 1200 Joule/285 Kalorien

● Quellzeit: 20 Minuten
● Vorbereitungszeit: etwa 5 Minuten
● Garzeit: 3 (3½) Minuten
  6 (7) Minuten

  Gesamt: 9 (10½) Minuten

So wird's gemacht: Die Zwiebel schälen und in feine Würfel schneiden. • Die Zwiebelwürfel mit der Butter in einer Schüssel ohne Deckel 3 (3½) Minuten garen. • Den Reis, das Wasser, das Currypulver und Salz zugeben und in 6 (7) Minuten zum Kochen bringen. • Den Reis im abgeschalteten Gerät 20 Minuten ausquellen lassen.

Gemüserisotto

Zutaten für 4 Personen:
150 g Langkornreis · ¼ l Wasser · 1 Paket tiefgefrorenes Mischgemüse (300 g) · eventuell gehackte Petersilie zum Verzieren
Pro Portion etwa 625 Joule/150 Kalorien

● Garzeit: 6 (7) Minuten
  20 (20) Minuten
  bei Auftaustufe

  Gesamt: 26 (27) Minuten

So wird's gemacht: Alle angegebenen Zutaten in eine Schüssel geben. Abgedeckt 6 (7) Minuten zum Kochen bringen, danach 20 Minuten bei Auftaustufe ausquellen lassen. • Eventuell die gehackte Petersilie darüberstreuen.

Für den Hunger zwischendurch

Bauernfrühstück

Wenn Sie gegarte Kartoffeln übrig haben, raten wir Ihnen zu diesem Gericht. Es ist schnell vorbereitet und gegart.

Zutaten für 2 Personen:
250 g gegarte Pellkartoffeln · 1 geräucherte Mettwurst (100 g) · 2 Zwiebeln · Butter für die Form · 4 Eier · 100 g Crème fraîche · 4 Eßl. Milch · Salz · weißer Pfeffer, frisch gemahlen · geriebene Muskatnuß · etwa ½ Bund Schnittlauch
Pro Portion etwa 3130 Joule/745 Kalorien

- Vorbereitungszeit: etwa 10 Minuten
- Garzeit: 1¾ (2) Minuten
  5½ (6½) Minuten

  Gesamt: 7¼ (8½) Minuten

So wird's gemacht: Die Kartoffeln schälen und zusammen mit der Mettwurst in dünne Scheiben schneiden. Die Zwiebeln schälen und kleinwürfeln. • Die Mettwurst und die Zwiebeln in eine flache, gefettete Auflaufform füllen und 1¾ (2) Minuten abgedeckt garen. • Inzwischen die Eier mit der Crème fraîche und der Milch verquirlen und mit Salz, Pfeffer und etwas Muskat würzen. • Die Kartoffelscheiben zu der Mettwurst

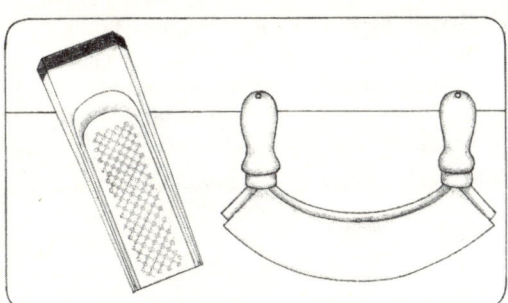

Muskatreibe zum Reiben von Muskatnuß und Wiegemesser für frische Kräuter sind nützliche Küchenhelfer.

und den Zwiebeln geben und alles gleichmäßig vermischen. Die Eiermasse darübergießen und abgedeckt weitere 5½ (6½) Minuten garen. Dabei die Kartoffeln einige Male wenden. • Den Schnittlauch waschen, trockentupfen und feinschneiden. Vor dem Servieren über das Bauernfrühstück streuen.

Das paßt dazu: gemischter Salat

> **Unser Tip** Die Pellkartoffeln können Sie durch Salzkartoffeln ersetzen und die Mettwurst durch geräucherten Speck.

Rührei

Zutaten für 1 Person:
2 Eier · 1 Eßl. Crème fraîche · 2 Eßl. Milch · Salz · geriebene Muskatnuß oder weißer Pfeffer, frisch gemahlen · Fett für den Teller · 1 Teel. Petersilie, frisch gehackt
Etwa 1185 Joule/280 Kalorien

- Vorbereitungszeit: etwa 5 Minuten
- Garzeit: 2 (2¼) Minuten

So wird's gemacht: Die Eier mit der Crème fraîche, der Milch, Salz und Muskatnuß oder Pfeffer verquirlen. • Die Eimasse in einen gefetteten, tiefen Teller gießen und mit einem flachen Teller abdecken. • Die Masse in 2 (2¼) Minuten stok-

Wichtiger Hinweis!

Die Zeitangaben beziehen sich auf Geräte mit 700 Watt, die in Klammern auf 600 Watt

ken lassen, dabei von Zeit zu Zeit durchrühren.
• Das Rührei mit der Petersilie bestreuen und
servieren.

Das paßt dazu: Toast- oder Vollkornbrot für ein
deftiges Frühstück oder als Imbiß, Pellkartoffeln
und Salat für ein vollwertiges Hauptgericht.

Variante: Rührei mit Schnittlauch
Die Eimasse wie oben beschrieben zubereiten.
Zusätzlich 2 Eßlöffel Schnittlauchröllchen unter-
mischen. Die Masse in einen gefetteten tiefen
Teller gießen und zugedeckt in $2\frac{1}{4}$ ($2\frac{1}{2}$) Minuten
stocken lassen; dabei einige Male durchrühren.

Variante: Rührei mit Krabben
70 g tiefgefrorene Krabben in etwa 3 Minuten bei
Auftaustufe auftauen. Die Zutaten für das Rührei wie oben verquirlen und über die Krabben gie-
ßen. Die Masse zugedeckt in $3\frac{3}{4}$ ($4\frac{1}{2}$) Minuten
stocken lassen; dabei einige Male durchrühren.
Mit 1 Teelöffel frisch gehackter Petersilie bestreuen.

Eierstich

Eine beliebte Suppeneinlage.

Zutaten für 4 Personen:
2 Eier · 4 Eßl. Milch · Salz · geriebene
Muskatnuß · weißer Pfeffer, frisch gemahlen ·
Butter für die Form
Pro Portion etwa 195 Joule/45 Kalorien

● Vorbereitungszeit: etwa 5 Minuten
● Garzeit: 2 ($2\frac{1}{4}$) Minuten

So wird's gemacht: Die Eier mit der Milch, Salz,
Muskat und Pfeffer gründlich verquirlen. • Eine
kleine Schüssel mit Deckel gut mit Butter einfet-
ten. Die Eiermasse hineingießen und in 2 ($2\frac{1}{4}$)

Minuten abgedeckt stocken lassen. • Den Eierstich etwas abkühlen lassen, dann stürzen und in
Würfel schneiden.

Variante: Eierstich mit Kräutern
Die Eimasse wie oben beschrieben mit 2 Teelöf-
feln frisch gehackter Petersilie oder Schnittlauchröllchen herstellen und garen.

Weiches Ei im Glas

Es schmeckt wie gekocht, ist aber schneller
zubereitet.

Zutaten für 1 Person:
Etwas Fett · 1 Ei (Gewichtsklasse 3)
Etwa 405 Joule/95 Kalorien

● Vorbereitungszeit: etwa 2 Minuten
● Garzeit: $1\frac{1}{4}$–$1\frac{1}{2}$ Minuten
                        bei Auftaustufe

So wird's gemacht: Ein Glas oder eine Tasse ausfetten. Das Ei hineinschlagen und das Eigelb
vorsichtig anstechen, damit es beim Garen nicht
platzen kann. • Das Ei $1\frac{1}{4}$–$1\frac{1}{2}$ Minuten bei Auftaustufe garen.

> **Unser Tip** Eier aus dem Kühlschrank
> brauchen eine längere Garzeit als Eier mit
> Zimmertemperatur. Eier in der Schale
> können Sie im Mikrowellengerät nicht zu-
> bereiten, da sie platzen würden.

Trockenpflaumen mit Speck

Zutaten für 4 Personen:
8 Scheiben Bacon (Frühstücksspeck) · 16 Trockenpflaumen ohne Stein · Tabascosauce · 16 Walnußkerne
Pro Portion etwa 1825 Joule/430 Kalorien

- Vorbereitungszeit: etwa 10 Minuten
- Garzeit: 2½ (3) Minuten

So wird's gemacht: Die Speckscheiben halbieren. • Jede Pflaume mit einem Spritzer Tabascosauce würzen und mit einem Walnußkern füllen. Die Speckhälften um die Pflaumen wickeln und mit je einem Zahnstocher feststecken. • Die Häppchen auf eine Platte legen und 2½ (3) Minuten offen erhitzen. • Die Pflaumen heiß servieren.

Beschwipste Trockenpflaumen

Zutaten für 4 Personen:
20 Trockenpflaumen ohne Stein · ⅛ l trockener Sherry · 100 g mittelalter Goudakäse · schwarzer Pfeffer, frisch gemahlen
Pro Portion etwa 1120 Joule/265 Kalorien

- Quellzeit: 30 Minuten
- Vorbereitungszeit: etwa 5 Minuten
- Garzeit: 2 (2¼) Minuten

So wird's gemacht: Die Trockenpflaumen mit dem Sherry übergießen und 30 Minuten zugedeckt ziehen lassen. • Den Käse in nicht zu große Würfel schneiden. Die beschwipsten Pflau-

men damit füllen und auf 4 kleine Spieße stecken. • Die Pflaumen 2 (2¼) Minuten auf einer länglichen Servierplatte erhitzen. • Die heißen Spieße mit Pfeffer bestreuen und sofort servieren.

Unser Tip Falls Sie es eilig haben, erwärmen Sie die Trockenpflaumen und den Sherry 2 (2¼) Minuten im Mikrowellengerät. Die Flüssigkeit zieht dann wesentlich schneller ein.

Wichtiger Hinweis!

Die Zeitangaben beziehen sich auf Geräte mit 700 Watt, die in Klammern auf 600 Watt

Schmackhafte Saucen – leicht gemacht

Senfsauce

Zutaten für 4 Personen:
20 g Butter · 30 g Mehl · ⅛ l Fleischbrühe ·
¼ l Wasser · 2–3 Eßl. scharfer Senf · 1 Eßl.
Zitronensaft
Pro Portion etwa 310 Joule/75 Kalorien

- Vorbereitungszeit: etwa 5 Minuten
- Garzeit: 2 (2¼) Minuten
                                 2½ (3) Minuten

  Gesamt: 4½ (5¼) Minuten

So wird's gemacht: Alle Zutaten in eine Schüssel
geben und verrühren. • Die Sauce 2 (2¼) Minuten erhitzen, mit dem Schneebesen umrühren
und nochmals 2½ (3) Minuten in das Mikrowellengerät stellen.

Paßt gut zu: pochiertem Fisch und Eiern

Kräutersauce

Zutaten für 4 Personen:
⅛ l Fleisch- oder Gemüsebrühe · ¼ l Wasser · 20 g
Butter · Salz · weißer Pfeffer, frisch gemahlen ·
40 g Mehl · 1 Eßl. Sahne · 3–5 Eßl. Kräuter nach
Wahl, frisch gehackt
Pro Portion etwa 350 Joule/85 Kalorien

- Vorbereitungszeit: etwa 3 Minuten
- Garzeit: 4½ (5¼) Minuten
                                 ¾ (1) Minute

  Gesamt: 5¼ (6¼) Minuten

So wird's gemacht: Die Brühe, das Wasser, die
Butter, Salz und Pfeffer in eine Schüssel ohne
Deckel geben. Das Mehl mit dem Schneebesen
unterrühren. • Die Sauce 4½ (5¼) Minuten offen
zum Kochen bringen. Dabei nach 3 (3½) Minu-

ten einmal umrühren. • Die Sahne und die Kräuter zugeben und die Sauce weitere ¾ (1) Minute
erhitzen. Die Sauce nach Wunsch noch einmal
mit Salz und Pfeffer abschmecken.

Käse-Sahnesauce

Zutaten für 4 Personen:
¼ l Fleischbrühe · ⅛ l Sahne · 1 gehäufter Eßl.
Mehl · 1 Teel. Paprikapulver edelsüß · 1 Prise
Cayennepfeffer · 100 g Emmentaler Käse, frisch
gerieben · eventuell geriebene Muskatnuß und
1 Eigelb
Pro Portion etwa 880 Joule/210 Kalorien

- Vorbereitungszeit: etwa 5 Minuten
- Garzeit: 4½ (5¼) Minuten
                                 ¾ (1) Minute

  Gesamt: 5¼ (6¼) Minuten

So wird's gemacht: Die Fleischbrühe, die Sahne
und das Mehl in einer Schüssel gut verrühren
und in 4½ (5¼) Minuten offen zum Kochen bringen. Dabei nach 3 (3½) Minuten einmal umrühren. • Die Gewürze und den Käse in die Sauce
geben und verrühren. • Nochmals ¾ (1) Minute
in das Mikrowellengerät geben. • Die Käse-Sah-
nesauce eventuell mit Muskat abschmecken und
nach Wunsch mit dem Eigelb legieren.

Paßt gut zu: gegrilltem Fleisch oder Lauch/Por-
ree und zu gedünstetem Gemüse

Unser Tip Der Emmentaler Käse kann
auch durch mittelalten Goudakäse ersetzt
werden.

Einfache Käsesauce

Zutaten für 4 Personen:
¼ l Fleischbrühe · ⅛ l Milch · weißer Pfeffer, frisch gemahlen · geriebene Muskatnuß · 1 Prise Salz · 1 gehäufter Teel. Speisestärke · 2 Ecken Sahneschmelzkäse (à 62,5 g)
Pro Portion etwa 450 Joule/105 Kalorien

- Vorbereitungszeit: etwa 5 Minuten
- Garzeit: 4½ (5¼) Minuten
                            ¾ (1) Minute

   Gesamt: 5¼ (6¼) Minuten

So wird's gemacht: Die Brühe, die Milch, Pfeffer, Muskat und Salz in eine Schüssel geben. Die Speisestärke mit dem Schneebesen gut unterrühren. • Alles in 4½ (5¼) Minuten ohne Deckel zum Kochen bringen, dabei nach 3 (3½) Minuten einmal umrühren. • Den Schmelzkäse in Stückchen schneiden und in die heiße Sauce geben. Kräftig mit dem Schneebesen umrühren und ¾ (1) Minute offen im Mikrowellengerät erhitzen. • Die Sauce eventuell noch einmal abschmecken.

Vanillesauce

Zutaten für 4 Personen:
¼ l Milch · ⅛ l Sahne · Mark von ½ Vanilleschote · 2 Eßl. Zucker · 1 Prise Salz · 1 gehäufter Eßl. Speisestärke · 1 Eigelb · etwas Wasser
Pro Portion etwa 755 Joule/180 Kalorien

- Vorbereitungszeit: etwa 5 Minuten
- Garzeit: 2 (2¼) Minuten
                            2½ (3) Minuten

   Gesamt: 4½ (5¼) Minuten

So wird's gemacht: Die Milch, die Sahne, das Vanillemark, den Zucker, das Salz und die Speisestärke in eine Form mit Deckel geben, gut verrühren und in 2 (2¼) Minuten zum Kochen bringen. • Die Sauce umrühren und nochmals abgedeckt 2½ (3) Minuten kochen. • Das Eigelb mit etwas Wasser vermischen und in die nicht mehr kochende Sauce einrühren. • Die Vanillesauce abkühlen lassen.

Paßt gut zu: Schokoladenflammeri oder Roter Grütze (Rezept Seite 51)

Punschsauce

Zutaten für 4 Personen:
¼ l Kirschsaft · ¼ l halbtrockener Rotwein · 1 Zimtstange · etwas abgeriebene unbehandelte Orangen- und Zitronenschale · 75 g Zucker · 2 Eßl. Speisestärke · 2–3 Eßl. Rum
Pro Portion etwa 620 Joule/150 Kalorien

- Vorbereitungszeit: etwa 5 Minuten
- Garzeit: 5½ (6½) Minuten

So wird's gemacht: Alle Zutaten bis auf den Rum in eine Schüssel geben und mit dem Schneebesen verrühren. • Die Sauce 5½ (6½) Minuten erhitzen; dabei nach 3 und nach 4 Minuten umrühren. Die Zimtstange aus der Sauce nehmen. Die Punschsauce mit dem Rum abschmecken.

Paßt gut zu: Gries-, Reis- und Brotauflauf

Wichtiger Hinweis!
Die Zeitangaben beziehen sich auf Geräte mit 700 Watt, die in Klammern auf 600 Watt

Orangensauce

Zutaten für 2 Personen:
¼ l Orangensaft, frisch gepreßt · 50 g Zucker ·
1 Ei · ½ Eßl. Speisestärke · etwas abgeriebene
unbehandelte Orangenschale · 4 Eßl. Orangen-
likör
Pro Portion etwa 770 Joule/185 Kalorien

● Garzeit: 3 (3½) Minuten

So wird's gemacht: Den Orangensaft mit dem
Zucker, dem Ei, der Speisestärke und der Orangenschale verrühren. • Die Sauce zugedeckt in
3 (3½) Minuten zum Kochen bringen. • Den
Orangenlikör untermischen und die Sauce heiß
oder abgekühlt servieren.

Das paßt dazu: Milchreis, Pudding oder Eis zur
heißen Sauce. Cremes oder Aufläufe zur kalten
Sauce.

Unser Tip Wenn Sie den fruchtigen
Geschmack der Sauce noch etwas verstär-
ken möchten, geben Sie zum Schluß 1 geschälte, in kleine Stücke geschnittene
Orange dazu.

Kalte Schokoladensauce

Zutaten für 2 Personen:
100 g Zartbitterschokolade · ⅛ l Sahne ·
1 Päckchen Vanillinzucker
Pro Portion etwa 2130 Joule/505 Kalorien

● Vorbereitungszeit ein-
schließlich Abkühlzeit: etwa 30 Minuten
● Garzeit: 1 (1¼) Minuten

So wird's gemacht: Die Schokolade in Stücke
brechen und mit 4 Eßlöffeln Sahne in einer
Schüssel ohne Deckel 1 (1¼) Minuten erwärmen. • Die Schokolade kräftig durchrühren und
abkühlen lassen. • Die restliche Sahne mit dem
Vanillinzucker steif schlagen und unter die Schokolade heben.

Paßt gut zu: Vanilleeis, Vanilleflammeri oder ge-
dünsteten Birnen

Unser Tip Die Saucenrezepte lassen
sich leicht verdoppeln und sind dann auch
für den 4-Personen-Haushalt interessant.
Doppelte Menge = doppelte Zeit

Wichtiger Hinweis!

Die Zeitangaben beziehen sich auf Geräte
mit 700 Watt, die in Klammern auf 600 Watt

Rote Grütze läßt sich je nach Jahreszeit mit beliebigen ▷
gemischten Früchten zubereiten. Rezept Seite 51.

Verlockende Desserts

Flammeri

Im Mikrowellengerät können Sie Flammeri im Handumdrehen zubereiten und brauchen keine Sorge zu haben, daß etwas anbrennen könnte.

Zutaten für 2 Personen:
½ Vanilleschote · ¼ l Milch · 20 g Speisestärke · 2 Eßl. Zucker · 1 Eigelb · etwas Wasser · Nußkerne, Marmelade oder Schokoladenraspel zum Verzieren
Pro Portion etwa 700 Joule/165 Kalorien

- Vorbereitungszeit: etwa 5 Minuten
- Garzeit: 2 (2¼) Minuten
  2 (2¼) Minuten

  Gesamt: 4 (4½) Minuten

So wird's gemacht: Die Vanilleschote der Länge nach aufschlitzen und das Mark herauskratzen. Die Milch mit der Speisestärke und dem Zucker verrühren. Die Vanilleschote mit dem Mark zugeben. • Die Milch abgedeckt in 2 (2¼) Minuten zum Kochen bringen. • Die Masse kräftig durchrühren und weitere 2 (2¼) Minuten erhitzen. • Inzwischen das Eigelb mit etwas Wasser verrühren. Die Vanilleschote aus dem Flammeri entfernen und das Eigelb unterrühren. • Den Flammeri abkühlen lassen und mit Nüssen, Marmelade oder Schokoladenraspeln verziert servieren.

Das paßt dazu: beliebige süße Saucen oder auch Obstsalat

◁ Mousse au chocolat verbinden viele mit einer Menge Arbeit. Im Mikrowellengerät ist dieses beliebte Dessert jedoch sehr schnell und einfach zuzubereiten. Rezept Seite 50.

Varianten:
Dieses Rezept läßt sich durch Zugabe von weißer Schokolade, Nuß- oder Mokkaschokolade abwandeln. Als Geschmackszutaten können Sie Pulverkaffee, Rum oder Kaffeelikör unter den Flammeri mischen.

Kaiserreis

Zutaten für 4-6 Personen:
½ Vanilleschote · ¾ l Milch · 1 Prise Salz · 50 g Zucker · 150 g Rundkornreis · 8 Blatt weiße Gelatine · Wasser zum Einweichen · 500 g gedünstete Sauerkirschen (Rezept Seite 53) oder anderes Obst · ¼ l Sahne
Bei 6 Personen pro Portion etwa 1455 Joule/ 345 Kalorien

- Vorbereitungszeit: etwa 5 Minuten
- Garzeit: 9 (10½) Minuten
  35 Minuten
  bei Auftaustufe

  Gesamt: 44 (45½) Minuten

- Auskühlzeit: etwa 20 Minuten

So wird's gemacht: Die Vanilleschote der Länge nach aufschlitzen und mit der Milch, dem Salz, dem Zucker und dem Reis in eine große Schüssel geben. Die Milch in 9 (10½) Minuten abgedeckt zum Kochen bringen. • Den Reis 35 Minuten bei Auftaustufe ausquellen lassen. Dabei mehrmals umrühren. • Die Gelatine in kaltem Wasser 5-10 Minuten einweichen. Das Wasser abgießen

Wichtiger Hinweis!

Die Zeitangaben beziehen sich auf Geräte mit 700 Watt, die in Klammern auf 600 Watt

und die Gelatine unter den heißen Reis rühren. Die Vanilleschote entfernen. Die Masse etwa 20 Minuten kühl stellen, bis sie fest wird. • Die Sauerkirschen abtropfen lassen. Die Sahne steif schlagen und unter den abgekühlten Reis heben. • Den Reis und die Kirschen abwechselnd in eine Glasschale füllen und mit einigen frischen Früchten garnieren. • Den Kaiserreis gekühlt servieren.

Vanille-Quark-Creme mit Früchten

Zutaten für 4 Personen:
1 Vanilleschote · ½ l Milch · 40 g Speisestärke ·
5 Eßl. Zucker · 2 Päckchen Vanillinzucker ·
1 Prise Salz · 250 g Sahnequark · 1 Eigelb ·
300 g beliebige Früchte (zum Beispiel Johannisbeeren, Himbeeren, Heidelbeeren oder Kirschen) ·
etwas Zucker
Pro Portion etwa 1520 Joule/360 Kalorien

● Vorbereitungszeit: etwa 10 Minuten
● Garzeit: 3½ (4) Minuten
            3 (3½) Minuten

Gesamt: 6½ (7½) Minuten

So wird's gemacht: Die Vanilleschote der Länge nach aufschlitzen und das Mark herauskratzen. Die Milch mit der Speisestärke, der Hälfte des Zuckers und des Vanillinzuckers sowie dem Salz verrühren. Die Vanilleschote mit dem Mark zugeben. • Die Milch in einer Schüssel zugedeckt in 3½ (4) Minuten zum Kochen bringen. • Die Masse mehrmals durchrühren und nochmals 3 (3½) Minuten abgedeckt garen. • Den Flammeri etwas abkühlen lassen, die Vanilleschale entfernen. • Den Quark mit dem restlichen Zucker und Vanillinzucker und dem Eigelb verrühren. Die Quarkmasse eßlöffelweise unter den

Flammeri rühren. • Die Früchte waschen, abtropfen lassen und gegebenenfalls entsteinen. Einige Früchte zum Verzieren beiseite legen, die restlichen in kleine Stücke schneiden, in Portionsschälchen verteilen und mit etwas Zucker bestreuen. • Die Vanille-Quark-Creme auf die Früchte geben, glattstreichen und mit den ganzen Früchten verzieren.

Mousse au chocolat

Bild Seite 48

Zutaten für 4 Personen:
150 g Bitterschokolade · 60 g Butter · 3 Eier ·
1 Eßl. Pulverkaffee · 3 Eßl. Zucker · 1 Prise
Salz · 2 Eßl. Cognac oder Weinbrand · ⅛ l
Sahne · Schokoladenraspel zum Verzieren
Pro Portion etwa 2160 Joule/515 Kalorien

● Vorbereitungszeit: etwa 10 Minuten
● Garzeit: 1½ (1¾) Minuten
            3 (3) Minuten
            bei Auf-
            taustufe

Gesamt: 4½ (4¾) Minuten

● Abkühlzeit: 2–3 Stunden

So wird's gemacht: Die Schokolade in Stücke brechen und mit der Butter in einer mittelgroßen Schüssel in 1½ (1¾) Minuten offen schmelzen lassen. Die Masse mit einem Schneebesen kräftig schlagen. • Die Eier trennen. Die Eigelbe mit dem Pulverkaffee, dem Zucker, dem Salz und dem Cognac oder dem Weinbrand verrühren und in einer Schüssel in 3 (3) Minuten bei Auftaustufe stocken lassen. Dabei häufig umrühren. • Die Eimasse unter die Schokoladenmischung rühren und kühl stellen. • Die Eiweiße und die Sahne steif schlagen und unter die

Creme heben. • Die Creme in Portionsschälchen füllen und 2–3 Stunden kühl stellen. Vor dem Servieren mit Schokoladenraspeln verzieren.

Birnen-Feigen-Kompott

Zutaten für 3 Personen:
2 Birnen (etwa 400 g) · 4 blaue Feigen · 1 Eßl. Zucker · 3 Eßl. Wasser · ½ l kräftiger Rotwein · ½ Vanilleschote · ½ Teel. Speisestärke
Pro Portion etwa 1040 Joule/245 Kalorien

● Vorbereitungszeit:	etwa 10	Minuten
● Garzeit:	3 (3½)	Minuten
	1 (1¼)	Minuten
	6 (7)	Minuten
	½ (½)	Minute
	¾ (1)	Minute
Gesamt:	11¼ (13¼)	Minuten

So wird's gemacht: Die Birnen waschen, schälen, achteln und von den Kerngehäusen befreien. Die Feigen schälen und vierteln. • Den Zucker mit 1 Eßlöffel Wasser verrühren und in einer Schüssel 3 (3½) Minuten karamelisieren lassen. Während dieser Zeit zweimal umrühren. • Den Rotwein hinzugießen und etwas verrühren. Die Vanilleschote aufschlitzen und ebenfalls hinzufügen. Das Ganze 1 (1¼) Minuten abgedeckt erhitzen. Zwischendurch gut umrühren, damit der karamelisierte Zucker sich löst. • Die Birnenach-

Unser Tip Wenn Sie ein Mikrowellengerät mit mechanischem Zeitwähler haben, sollten Sie bei Einschaltzeiten bis zu 2 Minuten den Wähler erst bis zum Anschlag und dann zurück auf die gewünschte Zeit drehen.

tel in den Rotwein legen und 6 (7) Minuten kochen. • Die garen Birnen aus der Flüssigkeit herausnehmen. • Die Speisestärke mit dem restlichen Wasser vermischen und in den Rotwein rühren. Die Sauce abgedeckt in ½ Minute aufkochen lassen. • Die gegarten Birnen und die geviertelten Feigen in die Rotweinsauce legen und weitere ¾ (1) Minute abgedeckt erwärmen. • Das Kompott vorsichtig umrühren und lauwarm servieren.

Rote Grütze

Bild Seite 47

Zutaten für 4–5 Personen:
150 g rote Johannisbeeren · 200 g Himbeeren · 200 g Erdbeeren · 200 g Kirschen · 100 g Zucker · ⅛ l Wasser · 1 Zimtstange · 40 g Speisestärke · etwas Wasser zum Verrühren · 1 Päckchen Vanillinzucker
Bei 5 Personen pro Portion etwa 855 Joule/ 205 Kalorien

● Vorbereitungszeit:	etwa 15	Minuten
● Garzeit:	7½ (8¾)	Minuten
	4 (4¾)	Minuten
Gesamt:	11½ (13½)	Minuten

So wird's gemacht: Alle Früchte waschen. Die Johannisbeeren abtropfen lassen und von den Stielen zupfen. Die Himbeeren mit Küchenpapier trockentupfen. Die Erdbeeren von den Kelchblättern befreien. Die Kirschen entstielen und entsteinen. • Die Früchte mit dem Zucker,

Wichtiger Hinweis!

Die Zeitangaben beziehen sich auf Geräte mit 700 Watt, die in Klammern auf 600 Watt

dem Wasser und der Zimtstange in eine große Schüssel geben und 7½ (8¾) Minuten abgedeckt garen. • Die Speisestärke mit etwas Wasser verrühren, unter die Fruchtmasse mischen und in 4 (4¾) Minuten aufkochen und ausquellen lassen. Dabei mehrmals umrühren. • Die Zimtstange aus der Grütze entfernen und den Vanillinzucker unter die Grütze mischen. Das Dessert in Schälchen füllen und auskühlen lassen.

Das paßt dazu: flüssige Sahne oder Vanillesauce (Rezept Seite 45)

Hefepudding

Zutaten für 4-6 Personen:
250 g Mehl · 1 Ei · 50 g Zucker · 50 g weiche Butter · 1 Prise Salz · abgeriebene Schale von 1 unbehandelten Zitrone · 15 g frische Hefe · ¼ l Milch · Butter und Paniermehl für die Form
Bei 6 Personen pro Portion etwa 1170 Joule/ 280 Kalorien

● Vorbereitungszeit: etwa 15 Minuten
● Ruhezeit: etwa 45 Minuten
● Garzeit: 8½ (10) Minuten

So wird's gemacht: Das Mehl, das Ei, den Zucker, die Butter, Salz und die Zitronenschale in eine Schüssel geben. Die Hefe darüberbröckeln. • Die Milch in einer Schale offen in ¾ (1) Minute erwärmen und über die anderen Zutaten gießen. Alles gründlich miteinander verkneten. • Eine Kranzform aus Glas, Keramik oder Kunststoff ausfetten und mit Paniermehl ausstreuen. Den Teig in die Form füllen und zugedeckt so lange stehen lassen, bis er sein Volumen verdoppelt hat (etwa 45 Minuten). • Den Pudding dann offen 8½ (10) Minuten garen. • Den Pudding 3 Minuten ruhen lassen, dann auf eine Platte stürzen und auskühlen lassen.

Kompott von Beerenobst

Zutaten für 2-3 Personen:
500 g Beeren (zum Beispiel Erdbeeren, Himbeeren, Brombeeren, Heidelbeeren oder Johannisbeeren) · 50-100 g Zucker (je nach Obstsorte) · 1 Stück unbehandelte Zitronenschale oder 1 Vanilleschote
Bei 3 Personen und 80 g Zucker pro Portion etwa 765 Joule/185 Kalorien

● Vorbereitungszeit: etwa 10 Minuten
● Garzeit: 5 (5¾) Minuten

So wird's gemacht: Die Beeren waschen, wenn nötig von den Stielen zupfen, und in eine große Schüssel geben. Den Zucker darüberstreuen und die Zitronenschale oder die aufgeschlitzte Vanilleschote dazugeben. • Die Beeren zugedeckt 5 (5¾) Minuten kochen. • Die Zitronenschale oder die Vanilleschote entfernen, das Kompott eventuell noch mit etwas Zucker abschmecken und gekühlt servieren.

Das paßt dazu: Vanillesauce (Rezept Seite 45)

Schoko-Nuß-Pudding

Zutaten für 4 Personen:
2 Eier · 5 Eßl. Sahne · 40 g Zucker · 1 Prise Salz · 100 g Haselnußkerne, frisch gerieben · 20 g Paniermehl · 2 Eßl. Kakaopulver · 1 Eßl. Rum · Butter und Paniermehl für die Form · Puderzucker zum Bestäuben
Pro Portion etwa 1405 Joule/335 Kalorien

● Vorbereitungszeit: etwa 10 Minuten
● Garzeit: 5 (5¾) Minuten

So wird's gemacht: Die Eier trennen. Die Eigelbe mit der Sahne, dem Zucker, dem Salz, den

Haselnüssen, dem Paniermehl, dem Kakao und dem Rum in einer Schüssel gut verrühren. Die Eiweiße steif schlagen und unter die Masse ziehen. • Eine Glasbackform (Kranzform) oder eine kleine Auflaufform mit Butter ausfetten und mit Paniermehl ausbröseln. Die Eiermasse hineinfüllen und 5 (5¾) Minuten garen. • Die Form aus dem Mikrowellengerät nehmen und den Pudding 5–10 Minuten stehen lassen. • Den Pudding auf eine Platte stürzen, mit Puderzucker bestäuben und warm servieren.

Das paßt dazu: halbsteif geschlagene Sahne, Eierlikör

Apfelkompott

Zutaten für 3 Personen:
500 g säuerliche Äpfel (feste Sorte) · Saft von ½ Zitrone · ⅛ l Wasser · 1 Stück unbehandelte Zitronenschale oder 1 Zimtstange · trockener Weißwein oder Rum zum Abschmecken
Pro Portion etwa 435 Joule/105 Kalorien

• Vorbereitungszeit: etwa 10 Minuten
• Garzeit: 5½ (6½) Minuten

So wird's gemacht: Die Äpfel waschen, schälen, in Viertel oder Achtel schneiden und von den Kerngehäusen befreien. Die Apfelstücke in eine mittelgroße Schüssel mit Deckel geben und mit dem Zitronensaft beträufeln. Das Wasser, die Zitronenschale oder die Zimtstange zu den Äpfeln geben und alles abgedeckt 5½ (6½) Minuten dünsten. • Das Kompott mit dem Weißwein oder dem Rum abschmecken und abkühlen lassen. Die Zitronenschale oder die Zimtstange vor dem Servieren entfernen.

Paßt gut zu: Flammeri (Rezept Seite 49) oder Milchreis

Kompott von Steinobst

Zutaten für 2–3 Personen:
500 g Steinobst (Aprikosen, Kirschen, Pfirsiche, Zwetschgen, Mirabellen oder Reineclauden) · 100–150 g Zucker (je nach Obstsorte) · 1 Zimtstange, 1 Vanilleschote oder 4 Stück Sternanis · zum Abschmecken nach Wunsch Obstwasser oder Rum
Bei 3 Personen und 130 g Zucker pro Portion etwa 1195 Joule/285 Kalorien

• Vorbereitungszeit: etwa 15 Minuten
• Garzeit: 5½ (6½) Minuten

So wird's gemacht: Die Früchte waschen, abtropfen lassen und entsteinen (Mirabellen und Reineclauden mit Stein verarbeiten). Die Früchte in eine Schüssel mit Deckel geben und mit dem Zucker bestreuen. Die Zimtstange oder die aufgeschlitzte Vanilleschote oder den Sternanis zugeben. • Das Kompott zugedeckt 5½ (6½) Minuten garen. • Das Kompott umrühren, eventuell mit dem Alkohol abschmecken und kühl stellen. Die Zimtstange, die Vanilleschote oder den Anis vor dem Servieren entfernen.

Wichtiger Hinweis!

Die Zeitangaben beziehen sich auf Geräte mit 700 Watt, die in Klammern auf 600 Watt

Getränke – schnell zubereitet

Heiße Zitrone

Dieses Getränk wird bei uns vor allem bei Erkältungskrankheiten verabreicht.

Zutaten für 1 Person:
2 Zitronen · etwa 150 ml Wasser · 2–3 Teel. Zucker
Etwa 320 Joule/75 Kalorien

- Vorbereitungszeit: etwa 5 Minuten
- Garzeit: 1¼ (1½) Minuten

So wird's gemacht: Die Zitronen halbieren und auspressen. • In ein Glas so viel Wasser füllen, daß es zu zwei Dritteln gefüllt ist und das Wasser in 1¼ (1½) Minuten erhitzen. • Den Zitronensaft in das heiße Wasser rühren, und das Getränk mit dem Zucker abschmecken.

Schokolade mit Schuß

Zutaten für 4 Personen:
50 g Zartbitterschokolade · 50 g Mokkaschokolade · ½ l Milch · ⅛ l Sahne · eventuell 1 Päckchen Vanillinzucker · 2–3 Eßl. Zucker · 2–3 Eßl. Weinbrand oder Rum · Schokoladenraspeln zum Verzieren
Pro Portion etwa 1570 Joule/375 Kalorien

- Vorbereitungszeit: etwa 2 Minuten
- Garzeit: 7 (8) Minuten

So wird's gemacht: Die Schokolade in kleine Stücke brechen und mit der Milch in eine Schüssel geben. Zugedeckt in 7 (8) Minuten erhitzen, bis die Schokolade geschmolzen ist. Dabei zwischendurch mehrmals umrühren. • Inzwischen die Sahne steif schlagen und nach Wunsch mit dem Vanillinzucker süßen. • Die heiße Schoko-

ladenmilch mit dem Zucker abschmecken und in vier Tassen verteilen. Jeweils 1 Eßlöffel Weinbrand oder Rum unterrühren und die Sahne auf die Becher verteilen. • Die heiße Schokolade mit Schokoladenraspeln verzieren und servieren.

Heiße Schokolade

Zutaten für 2 Personen:
¼ l Milch · 3 Teel. Kakaopulver (Instant) · 2–3 Eßl. steif geschlagene Sahne
Pro Portion etwa 495 Joule/120 Kalorien

- Garzeit: 2 (2¼) Minuten

So wird's gemacht: Die Milch in einen kleinen Krug oder in eine Tasse gießen und zugedeckt in 2 (2¼) Minuten erwärmen. • Das Kakaopulver einrühren und die heiße Schokolade in Becher oder Tassen füllen. • Die heiße Schokolade jeweils mit einem Klecks Sahne bedecken.

Glühwein

Zutaten für 1 Person:
1 Nelke · 1 Scheibe Zitrone · 1 Stück Zimtstange · 2 Teel. Zucker · 175 ml Rotwein
Etwa 485 Joule/115 Kalorien

- Garzeit: 2 (2¼) Minuten

So wird's gemacht: Die Nelke, die Zitronenscheibe, die Zimtstange und den Zucker in ein Teeglas (200 ml Inhalt) füllen. • Den Rotwein dazugießen und 2 (2¼) Minuten erhitzen. Vor dem Servieren die Nelke und die Zimtstange entfernen.

Irish coffee

Zutaten für 1 Person:
etwa 100 ml kalter starker Kaffee · 1 Schnapsglas
Whisky (2 cl) · brauner Kandiszucker · 2 Eßl.
halbsteif geschlagene Sahne
Etwa 550 Joule/130 Kalorien

● Garzeit: 1½ (1¾) Minuten

So wird's gemacht: Den Kaffee in einer Tasse
mit dem Whisky und Kandiszucker gut verrühren. • Den Kaffee in 1½ (1¾) Minuten erwärmen. • Die halbsteif geschlagene Sahne auf den
Kaffee geben.

Pharisäer

Zutaten für 1 Person:
1 Tasse starker kalter Kaffee (125 ml) · 1–2 Eßl.
Rum (40%) · 1 Eßl. Zucker · 2 Eßl. steif geschla-
gene Sahne
Etwa 520 Joule/125 Kalorien

● Garzeit: 1½ (1¾) Minuten

So wird's gemacht: Den Kaffee in einer Tasse 1½
(1¾) Minuten erhitzen. • Den Rum und den Zuk-
ker unterrühren und die geschlagene Sahne als
Haube auf das Getränk setzen.

> **Unser Tip** Stellen Sie Gläser und Tas-
> sen ohne Henkel immer auf einer Unter-
> tasse in das Mikrowellengerät, da die Ge-
> fäße durch die heiße Flüssigkeit erhitzt
> werden.

Orangenpunsch

Zutaten für 2 Personen:
4 Orangen · 1 Zitrone · 2 Eßl. Honig · etwas ab-
geriebene unbehandelte Orangen- und Zitronen-
schale · ½ l schwarzer Tee · ½ Zimtstange
Pro Portion etwa 360 Joule/85 Kalorien

● Vorbereitungszeit: etwa 5 Minuten
● Garzeit: 8 (9¼) Minuten

So wird's gemacht: Die Orangen und die Zitrone
auspressen. Den Saft in eine Schüssel (3 l) gießen, den Honig und die Orangen- sowie die Zitronenschale dazugeben. Den Saft mit dem Tee
auffüllen, die Zimtstange dazugeben und alles in
etwa 8 (9¼) Minuten erhitzen. • Den Orangen-
punsch in Gläser füllen und den Rest in einen
Krug gießen.

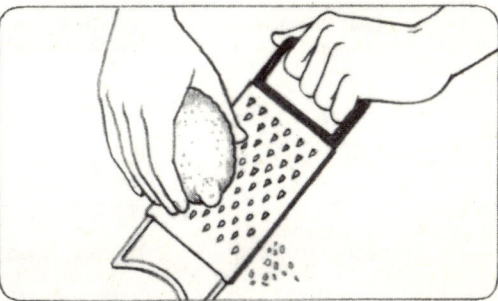

Mit einer feinen rostfreien Reibe lassen sich die Schalen
von Zitrusfrüchten mühelos abreiben.

Wichtiger Hinweis!

Die Zeitangaben beziehen sich auf Geräte
mit 700 Watt, die in Klammern auf 600 Watt

Rezept- und Sachregister

Die *kursiv* gesetzten Seitenzahlen verweisen auf Farbbilder.

Besonders im Sommer, wenn es ▷
vollreife Tomaten zu kaufen gibt,
ist das Tomaten-Paprika-Gemüse
eine köstliche Beilage.
Rezept Seite 36.